Dr. Heinz Kindler

Evaluation der Wirksamkeit präventiver Arbeit gegen sexuellen Missbrauch an Mädchen und Jungen

Herausgegeben von
AMYNA e.V. – Institut zur Prävention von sexuellem Missbrauch

Über den Autor

Dr. Heinz Kindler (Dipl.-Psych.) ist wissenschaftlicher Referent am Deutschen Jugendinstitut, Mitarbeiter der Bindungsforschungsgruppe Grossmann an der Universität Regensburg und forensischer Sachverständiger.

Veröffentlichungen in letzter Zeit: (2002) Partnerschaftsgewalt und Kindeswohl. DJI-Arbeitspapier; (2002) Väter und Kinder. Langzeitstudien über väterliche Fürsorge und die sozio-emotionale Entwicklung von Kindern. Juventa; (2002) Eltern-Kind Bindung und geäußerter Kindeswille in hochstrittigen Trennungsfamilien. Kind-Prax, 10–17; (2000) Verfahren zur Einschätzung von Misshandlungs- und Vernachlässigungsrisiken. Kindheit und Entwicklung, 222–230.

Impressum

© AMYNA e.V. München, 2003
ISBN 3–934735–07–X

Titel: Evaluation der Wirksamkeit präventiver Arbeit gegen sexuellen Missbrauch an Mädchen und Jungen. Expertise.

Herausgeberin: AMYNA e.V. – Institut zur Prävention von sexuellem Missbrauch

Autor: Dr. Heinz Kindler

Redaktion und Bearbeitung: Adelheid Unterstaller, Sibylle Härtl

Lektorat: Susanna Bertschi

Layout und Satz wurden gespendet von eolas informationsdesign gmbh, München, www.eolas.info

Umschlaggestaltung: Konzept 139, München, www.konzept139.de

Druck: Books on Demand GmbH, Norderstedt, www.bod.de

AMYNA e.V. – Institut zur Prävention von sexuellem Missbrauch
Mariahilfplatz 9, 81541 München, Tel. (089) 2017001, Fax (089) 2011095,
E-mail info@amyna.de, www.amyna.de

Das Institut zur Prävention von sexuellem Missbrauch wird von der Landeshauptstadt München bezuschusst.

Inhalt

Vorwort

Die Notwendigkeit und der Sinn präventiver Arbeit gegen sexuellen Missbrauch werden seit einigen Jahren kaum mehr in Zweifel gezogen. Jeder bekannt gewordene Fall sexueller Gewalt gegen Mädchen und Jungen führt unweigerlich zu der Frage: Was können wir tun, damit so etwas nicht geschieht?

Vor mehr als einem Jahrzehnt waren es vor allem Frauenprojekte, die sich dieser Frage annahmen. Motiviert durch erste Erfahrungen mit Präventionsprogrammen in den USA, wurden an vielen Orten in der Bundesrepublik Initiativen zur Prävention gestartet und Konzepte dazu entwickelt und modifiziert. Einige Kommunen gelangten – angeregt durch die Frauenprojekte und auf der Grundlage des damals neuen und mehr an Prävention orientierten Kinder- und Jugendhilfegesetzes – zu der Überzeugung, dass die Vorbeugung sexueller Gewalt in den Aufgabenkanon der Jugendämter gehört. Es wurden erste Gelder für Präventionseinrichtungen zur Verfügung gestellt und vereinzelt jugendamtsinterne Stellen geschaffen. Bald schon entwickelte sich eine bundesweite Vernetzung von Präventionsstellen, die den fachlichen Austausch und die Weiterentwicklung des Feldes fördern sollte und dies – als Bundesverein zur Prävention von sexuellem Missbrauch an Mädchen und Jungen e.V. – bis heute tut. Die Diskussion der letzten Jahre hat gezeigt, dass ein hoher Anspruch an die Fachlichkeit der Arbeit und an das Niveau der Konzepte bei all diesen Einrichtungen und Initiativen besteht.

Eine Verzahnung mit der Forschung – und damit der Instanz, die Fragen nach der Wirksamkeit fundiert beantworten könnte – fand jedoch aus unterschiedlichen Gründen bisher kaum statt. Zum einen ist allgemein die Zusammenarbeit von Forschung und pädagogischer Praxis noch nicht selbstverständlich und müsste auch in diesem Feld erst installiert werden. Nicht nur die gute Absicht, sondern die Frage nach der Wirkung als Grundlage sozialer Arbeit heranzuziehen, ist erstaunlicherweise eine sehr junge Entwicklung. Zum zweiten begann sich – zumindest die bundesdeutsche – universitäre und außeruniversitäre Forschung erst spät für das Thema Prävention von sexuellem Missbrauch zu interessieren, als viele Einrichtungen bereits dazu arbeiteten. Und zum dritten war und ist es von Seiten der Präventionseinrichtungen häufig ein Problem der Kapazitäten und Finanzen sowie des fehlenden Auftrags durch öffentliche ZuschussgeberInnen, sich zusätzlich zur praktischen Arbeit „auch noch" mit

Forschungsergebnissen und forschungsrelevanten Fragestellungen zu beschäftigen.

In jüngerer Zeit findet allerdings ein Wandel auf mehreren Ebenen statt. Präventionsinitiativen schießen wie Pilze aus dem Boden und verkaufen in einer z.T. fahrlässigen Art und Weise gefährlich einfache Konzepte. Beispielsweise wird Eltern versprochen, dass bereits Vorschulkinder sich nach einem Selbstbehauptungskurs alleine vor sexuellem Missbrauch schützen könnten. Viele gutgemeinte Initiativen setzen darauf, dass es für die Präventionsarbeit ausreichen würde, Mädchen und Jungen beizubringen, dass sie „Nein" sagen könnten. Es ist zu befürchten, dass solch eindimensionale Ansätze eher gefährdend denn schützend wirken, weil sie die Verantwortung für den Schutz ganz bei den Mädchen und Jungen belassen und diese damit vollkommen überfordern. Für Eltern und andere Bezugspersonen von Mädchen und Jungen ist die Fachlichkeit unterschiedlicher Ansätze nicht transparent. Viele wählen den einfacheren, unaufwändigeren und naheliegenderen Ansatz, in der Hoffnung, Mädchen und Jungen so am effektivsten und schnellsten schützen zu können. Hier wird die Angst der Eltern ausgenützt, um Profit daraus zu schlagen – auf Kosten der Sicherheit von Kindern. Wir verfolgen diese Entwicklung mit großer Besorgnis.

An dieser Stelle sind die Präventionseinrichtungen mit langjähriger Praxiserfahrung und einem hohen Anspruch an die Fachlichkeit gefragt, um Bezugspersonen von Kindern in der Auswahl der Angebote Hilfestellung zu geben und neu entstehenden Präventionsinitiativen die nötige Fachlichkeit zu vermitteln, damit „das Rad nicht immer wieder aufs Neue erfunden werden muss".

Spätestens hier muss sich die Frage stellen: Womit können wir – und damit meine ich alle Präventionsstellen mit dem Anspruch der Fachlichkeit – belegen, dass unsere Ansätze der Präventionsarbeit wirksam sind und dazu dienen, den Schutz von Mädchen und Jungen vor sexueller Gewalt zu vergrößern? Wo lassen sich Ansätze noch verbessern, wo müssen Modelle modifiziert oder auch verworfen werden? Die Beantwortung dieser Frage ist von den Präventionsfachstellen selbst nur bedingt möglich. Hier muss eine bessere Verzahnung mit der Forschung angestrebt werden.

Ein Paradigmenwechsel findet aber auch in der sozialen Arbeit als Ganzer statt. Die Frage nach den Zielen und deren Erreichbarkeit, nach der Messbarkeit der Wirkung von Maßnahmen und nach der Transparenz, gleichermaßen für MitarbeiterInnen, NutzerInnen und GeldgeberInnen der Einrichtungen, rücken in den Mittelpunkt. „Neue Steuerung", „Outputorientierung" und „Qualitätssicherung" sind hier die entsprechenden Stichworte. Unserer Ansicht nach muss sich jede Einrichtung die Frage gefallen lassen (und an deren Beantwortung selbst interessiert sein), wodurch sich die Wirksamkeit der Arbeit belegen lassen kann. Gleichzeitig sind hier aber auch die ZuschussgeberInnen gefragt, die Mittel zur Verfügung zu stellen, damit diese Fragen auch fundiert beantwortet werden können – denn Evaluation braucht Zeit und personelle Kapazität.

Beim Lesen dieser Expertise werden Sie feststellen, dass die Frage nach der Wirksamkeit von präventiven Maßnahmen zum Schutz von Mädchen und Jungen vor sexueller Gewalt eine anspruchsvolle ist. Es gibt zahlreiche Hinweise, aber keine einfachen Antworten – viele Fragen wurden noch gar nicht gestellt und deshalb auch nicht untersucht. Hier sind die PraktikerInnen der Präventionsarbeit gefordert, Anregungen in Richtung Forschung zu geben und Bereitschaft für eine Zusammenarbeit zu signalisieren.

Die vorhandenen Befunde ergeben jedoch genügend Material, um existierende Präventionskonzepte kritisch zu beleuchten und nach und nach zu verbessern. Dies ist eine Entwicklung, die sicher nicht von heute auf morgen geschehen kann und einige Jahre brauchen wird. Möglich ist es jedoch bereits heute mit den Bemühungen zu beginnen und diese Entwicklung zumindest anzustoßen, denn eins ist sicher: Sobald sich abzeichnet, dass bestimmte Präventionsbemühungen nicht wirksam oder gar gefährlich sind, wäre es fahrlässig, sie weiter zu verfolgen. Und andererseits – wenn klar wird, dass bestimmte Pfade in der Präventionsarbeit sinnvoll sind, wäre es nicht vertretbar, sie zu ignorieren.

Der Schutz von Mädchen und Jungen vor sexueller Gewalt ist eine zu sensible und wichtige Aufgabe, um damit zu pokern. *AMYNA e.V. – Institut zur Prävention von sexuellem Missbrauch* möchte deshalb mit dieser Expertise für das Arbeitsfeld Prävention die Entwicklung der Verzahnung von Forschung und Praxis anstoßen und weiter fördern – im Dienste einer wirkungsvollen Präventionsarbeit.

München, im Juni 2003

Adelheid Unterstaller

I Präventionswissenschaft und Evaluation

Prävention bezeichnet innerhalb der Humanwissenschaften allgemein Bemühungen mit dem Ziel belastende Lebensereignisse oder krankhafte körperliche Abläufe bzw. dysfunktionale Formen menschlichen Erlebens und Verhaltens zu verhindern oder in ihren Auswirkungen abzumildern (für eine Übersicht über verschiedene Definitionen von Prävention siehe Bloom, 1996). Prävention hat sich in westlichen Gesellschaften vor allem in drei Handlungsfeldern etabliert, nämlich im Bereich der Beeinflussung und Vermeidung delinquenten Verhaltens, im Bereich der Vorbeugung gegen Krankheiten und Verhaltensstörungen und schließlich im Bereich der Verhinderung oder Abfederung belastender Lebensereignisse oder -situationen (für Übersichten zur Geschichte der Prävention siehe Spaulding & Balch, 1983; Levine & Levine, 1992; Albee, 1996; Stöckel & Walter, 2002).

Bei der **Präventionswissenschaft** handelt es sich um eine von mehreren in den 90er Jahren neu entstandenen, interdisziplinär angelegten Wissenschaften. Präventionswissenschaft befindet sich im Schnittfeld von Kriminologie, Psychologie, Medizin, Epidemiologie und Pädagogik. Ihr Ziel ist die Beschreibung, wissenschaftliche Bewertung und Weiterentwicklung präventiver Anstrengungen in verschiedenen Handlungsfeldern (zum Konzept der Präventionswissenschaft siehe Coie et al., 1993, 2000). Für das methodische Vorgehen innerhalb der Präventionswissenschaft wurden verschiedene Modelle entworfen. Das bekannteste auf Price (1983) zurückgehende Modell unterscheidet vier Schritte. In einem ersten methodischen Schritt, der sogenannten „Problemanalyse" oder „generativen Phase", wird versucht anhand der zu einem Problembereich vorliegenden Grundlagenforschung ein Modell der Entstehung und Verteilung der interessierenden Problemverhaltensweisen oder -ereignisse zu entwerfen und aus diesem Modell Ansatzpunkte für präventive Maßnahmen in Form einer Beschreibung von Risiko- und Schutzmechanismen zu gewinnen. In einem zweiten, als „Innovationsphase" bezeichneten Schritt wird unter Heranziehung des Veränderungswissens von Betroffenen, Fachkräften und WissenschaftlerInnen ein umfassendes Präventionsmodell zur Beeinflussung wesentlicher Risiko- und Schutzmechanismen entwickelt. Dabei wird einer Nutzung von Synergie-Effekten, also der Beschreibung und Übertragung bewährter Arbeitsansätze aus

Nachbarbereichen, eine hohe Bedeutung beigemessen. In der „Versuchsphase" wird ein Präventionsmodell dann im experimentellen Design erprobt und im Hinblick auf seine feststellbaren Wirkungen auf vielfältige, vorab festgelegte Zielvariablen bewertet. Im Erfolgsfall, also bei nachweisbar positiven Veränderungen, wird schließlich in der „Diffusionsphase" die Übertragbarkeit und Verbreitbarkeit des Präventionsmodells untersucht (für detaillierte Beschreibungen des Forschungsmodells siehe Kellam et al., 1999; Sandler & Chassin, 2002). Als wichtigste methodische Alternative zu dieser als „prevention-science-Ansatz" bezeichneten Herangehensweise kann ein „gemeindeorientierter Zugang" bezeichnet werden. Ein gemeindeorientierter Zugang verzichtet auf ein experimentelles Design zugunsten einer gleichberechtigten, intensiven Zusammenarbeit mit ausgewählten Gruppen von NutzerInnen und Beteiligten bei der Entwicklung und Evaluation von Präventionsprogrammen. Dem Nachteil eines Verlustes an Generalisierbarkeit und Interpretierbarkeit der Ergebnisse steht bei diesem Vorgehen ein Gewinn an Akzeptanz und Anpassung an die Verhältnisse im Einzelfall (ökologische Validität) entgegen (für Beschreibungen des gemeindeorientierten Ansatzes siehe Weissberg & Greenberg, 1998a, 1998b). Beide Forschungsstrategien stehen nicht in Gegensatz zueinander, sondern ergänzen und unterstützen einander.

Für die Bildung grundlegender Begrifflichkeiten und Konzepte hat sich im Bereich der Prävention das Handlungsfeld der Vorbeugung von Krankheiten und Verhaltensstörungen als besonders einflussreich erwiesen. Aus diesem Umfeld stammt etwa die auf Caplan (1961) zurückgehende Unterscheidung zwischen **primärer** (d. h. Maßnahmen zur Senkung der Anzahl neu auftretender Erkrankungen bzw. Störungen), **sekundärer** (d. h. Maßnahmen zur raschen Entdeckung und wirksamen Behandlung neu auftretender Erkrankungen) und **tertiärer** (d. h. Maßnahmen zur Rehabilitation und Abmilderung der Folgen bestehender Erkrankungen) Prävention. Gleiches gilt für die auf einem Bericht des amerikanischen Institute of Medicine (1994) fußende Unterscheidung zwischen **universalen** (d. h. Maßnahmen, die sich direkt oder indirekt an die gesamte potenziell von einem Krankheits- oder Störungsprozess betroffene Bevölkerung wenden), **selektiven** (d. h. Maßnahmen, die sich nur an besonders gefährdete Bevölkerungsgruppen wenden) und **indizierten** (d. h. Maßnahmen, die sich an bereits von einem Krankheits- oder Störungsprozess betroffene Bevölkerungsgruppen wenden) Präventionsanstrengungen. Als einflussreich hat sich weiterhin die Unterscheidung zwischen überwiegend risikoorientierten und überwiegend schutz- bzw. kompetenzorientierten Präventionsmaßnahmen erwiesen (z. B. Weissberg et al., 1997). Diese Unterscheidung beruht auf einer theoretischen Konzeption, die das Zustandekommen von Störungen und Erkrankungen wenigstens teilweise auf ein Wechselspiel zwischen **Risikomechanismen**, die die Wahrscheinlichkeit einer Störung und Erkrankung kausal erhöhen, und **Schutzmechanismen**, die vorhandene Risiken abzumildern oder aufzuheben vermögen, zurückführt. Präventionsprogramme können entsprechend an einer Verminderung von Risikofaktoren (risikoorientiertes Vorgehen, manchmal auch als primordiale Prävention bezeichnet) oder einer Stärkung von Schutzmechanismen bzw. Kompetenzen ansetzen oder beide Vorgehensweisen miteinander verbinden. Eine vertiefende Erörterung grundlegender Konzepte im Bereich der Prävention finden sich beispielsweise bei Kaplan (2000).

Einige wichtige Ergebnisse der Präventionswissenschaft haben sich in verschiedenen Anwendungsfeldern bestätigen lassen. Diese Befunde können zwar deshalb noch nicht ohne weiteres verallgemeinert werden. Fehlen aber in einem relativ neuen Anwendungsbereich, wie etwa dem Gebiet der Prävention von sexuellem Missbrauch, zunächst eigenständige Forschungsresultate, so können bereits mehrfach bestätigte Ergebnisse aus anderen Feldern als plausible erste Annahmen gelten (vgl. Westermann & Gejets, 1994). Zu den angesprochenen, mehrfach bestätigten Befunden zählt etwa das Ergebnis einer vergleichsweise besseren Wirksamkeit von gut in empirischer Grundlagenforschung verankerten Präventionskonzepten im Vergleich zu rein alltagstheoretisch begründeten Konzepten (z. B. Durlak & Wells, 1997). Ebenso hat sich wiederholt und in verschiedenen Anwendungsfeldern gezeigt, dass umfassende Präventionsmaßnahmen, die gleichzeitig an mehreren, forschungsgeleitet ausgewählten Punkten ansetzen, leichter eine vergleichsweise bessere Wirksamkeit erzielen als Programme, die sich auf einen oder nur wenige Ansatzpunkte beschränken (z. B. Coie et al., 1993). Für Maßnahmen, die diese beiden Bedingungen erfüllen, liegen mittlerweile aus allen großen Anwendungsbereichen präventiven Handelns, wie etwa der Vorbeugung von Verhaltensstörungen (für eine Übersichten siehe Greenberg et al., 2000; Durlak & Wells, 1997), der frühzeitigen Unterbrechung delinquenter Karrieren (für eine Übersicht siehe Lipsey & Wilson, 1998) oder der Verhinderung belastender Lebensereignisse (z. B. Prävention körperlicher Kindesmisshandlungen durch die Eltern: Olds et al., 1997) wissenschaftlich gut abgesicherte Wirksamkeitsbelege vor. Diese Erfolge haben insgesamt zu einer eher wieder optimistischen Einstellung hinsichtlich der Nützlichkeit qualitativ hochwertiger Präventionsprogramme geführt (Bloom, 1996; Albee & Gullotta, 1997).

Evaluation bezeichnet die *„systematische Untersuchung der Verwendbarkeit oder Güte eines Gegenstandes"* (Joint Committee on Standards for Educational Evaluation, 2000, 25), also etwa eines Präventionsprogramms. Unter dem Begriff der Evaluation wird *„ein ganzes Bündel von Ansätzen, Methoden und Instrumenten"* zusammengefasst, aus dem *„je nach spezifischer Aufgabenstellung ein geeignetes Design maßzuschneidern"* ist (Komrey, 1995, 315). Grob kann hierbei zwischen Ergebnis- und Prozessevaluation, Selbst- und Fremdevaluation oder quantitativen und qualitativen Vorgehensweisen unterschieden werden. Bei Ergebnisevaluationen, auch als **Wirksamkeitsstudien** bezeichnet, werden vorab Ziele festgelegt, die nach Abschluss eines Programms erreicht sein sollen, und der Beitrag des Programms zur Erreichung dieser Ziele wird untersucht. Bei der Prozessevaluation werden Informationen über den Verlauf eines Programms gesammelt und anhand verschiedener möglicher Kriterien (z. B. Einhaltung fachlicher Standards, Programmintegrität, d. h. Übereinstimmung zwischen dem Präventionskonzept und dem tatsächlichen Handeln der Präventionsfachkräfte) bewertet. Bei der Selbstevaluation wird professionelles Handeln von den Handelnden selbst untersucht und bewertet, während diese Untersuchung und Bewertung bei der Fremdevaluation von anderen der Einrichtung zugehörigen (interne Evaluation) oder nicht zugehörigen (externe Evaluation) Fachkräften vorgenommen wird. Quantitative und qualitative Vorgehensweisen sind bei Evaluationen nicht klar voneinander zu trennen, sondern gehen fließend ineinander über. Sie unterscheiden sich hauptsächlich in der Umgangsweise mit dem Einzelfall (Oswald, 1997). Während bei quantitativen Herangehensweisen über den Einzelfall hinaus möglichst standardisierte Beschreibungen verschiedener Variablen vorgenommen werden, wird bei qualitativen Vorgehensweisen die umfassende Beschreibung des Einzelfalles in den Mittelpunkt gerückt und von standardisierten Verfahren wird eher abgesehen.

Statt von Evaluationen wird teilweise auch von Maßnahmen der Qualitätssicherung gesprochen. Auch in der Sprache des Qualitätsmanagements werden, parallel zur Unterscheidung zwischen Prozess- und Ergebnisevaluationen, Prozess- und Ergebnisqualität unterschieden. Die Wirksamkeitsanalyse wird hierbei als Teil von Maßnahmen zur Sicherung der Ergebnisqualität beschrieben (Gerull, 1997). Sauter (2000) weist zutreffend darauf hin, dass *„ohne Wirkungsnachweise Maßnahmen zur Sicherung der Prozess- und Strukturqualität gleichsam in der Luft hängen und die Verbindung zu ihrem übergeordneten Ziel, nämlich der Gewährleistung der Eignung und Effizienz einer Maßnahme zur Erreichung vorab definierter Ziele, verlieren".* In gleicher Weise lässt sich auch das Verhältnis zwischen Prozess- und Ergebnisevaluationen (Wirksamkeitsstudien) bestimmen. Ist die Wirksamkeit und Eignung eines Programms durch exemplarische Studien bereits gut belegt, so kann bei Neuanwendungen innerhalb eines ähnlichen Anwendungsbereiches aus dem Nachweis der Einhaltung von Standards, die aufgrund der bisherigen Erfahrungen festgelegt wurden, plausiblerweise auf die Wirksamkeit der neuerlichen Anwendung geschlossen werden. Ist aber die Wirksamkeit eines Präventionskonzeptes ungeklärt, so kann dieser Mangel durch Prozessevaluationen grundsätzlich nicht behoben werden. Dies bedeutet nicht, dass Prozessevaluationen bei Programmen, die bislang keinen Wirksamkeitsnachweis erbringen konnten, überflüssig sind. Prozessevaluationen können vielen Zwecken dienen (z. B. Generierung von Daten zur Erleichterung der Kommunikation zwischen verschiedenen Programmen bzw. Fachkräften oder zwischen Fachkräften und NutzerInnen bzw. Geldgebern). Auch können unter Umständen, die für eine Wirkungsforschung ungünstig sind (z. B. geringe Auftretensrate von Ereignissen oder Prozessen, denen vorgebeugt werden soll; hohe Dunkelziffer; Unterfinanzierung der Präventionsprogramme; fehlendes Interesse der Forschung) unter ExpertInnen ermittelte plausible und in einer empirisch fundierten Theorie verankerte Standards, deren Einhaltung mittels Prozessevaluation kontrolliert wird, für einen gewissen Zeitraum anstelle von Wirkungsanalysen akzeptiert werden. Langfristig führt jedoch kein Weg an Wirksamkeitsstudien vorbei, da es in der Geschichte der Human- und Sozialwissenschaften eine Vielzahl von Beispielen gibt, in denen gängige und von einer weitgehenden Übereinstimmung von Fachkräften getragene Praktiken nach Ergebnisevaluationen in bedeutsamer Weise korrigiert werden mussten (z. B. für die Praxis der Einschätzung des Realitätsbezugs von Zeugenaussagen: Ceci & Bruck, 1995; für die Bedeutung schulstruktureller Faktoren beim Wissenserwerb von Schulkindern: Baumert, 2000; für die Praxis der Einschätzung der Rückfallwahrscheinlichkeit von Straftätern: Borum, 1996; für die Einschätzung der Wirksamkeit klassischer Arbeitsbeschaffungsmaßnahmen: Eichhorst, Profit & Thode, 2001).

Präventive Maßnahmen gegen den sexuellen Missbrauch von Kindern fallen zweifellos in den Gegenstandsbereich der Präventionswissenschaft und eine Reihe bedeutender WissenschaftlerInnen aus dem Bereich der Präventionswissenschaft haben sich mit der Prävention von sexuellem Missbrauch beschäftigt (z. B. Deborah Daro, Jeffrey Haugaard, Gary Melton), während umgekehrt einige KollegInnen aus dem Praxisfeld der Prävention von sexuellem Missbrauch akademische Qualifikationen und Positionen im Bereich der Präventionswissenschaft erworben haben (z. B. Sandy Wurtele; Carol Plummer). In den letzten Jahren hat zudem die von der Weltversammlung der WHO erfolgte Ausrufung der Prävention aller Formen von Gewalt, einschließlich sexueller Gewalt, zur Schwerpunktaufgabe bei der öffentlichen Gesundheitsförderung (World Health Assembly, 1996) die Grundlage für eine stärkere Wahrnehmung der vorhandenen Verbindung zwischen der Prävention von sexuellem Missbrauch und dem übergeordneten Feld der Präventionswissenschaft gelegt. Trotzdem ist festzustellen, dass diese Verbindung derzeit noch lückenhaft und schwach ist. Dies betrifft sowohl die Rezeption und Nutzung von Konzepten, Methoden und Fortschritten der Präventionswissenschaft im Bereich der Prävention von sexuellem Missbrauch, als auch die Integration dieses Feldes und seiner Ergebnisse in Darstellungen präventionswissenschaftlicher Forschung zur Förderung der körperlichen und psychischen Gesundheit von Kindern und Erwachsenen. Verschiedene Gründe haben zu dieser noch schwachen Verbindung beigetragen:

1.	Eine Geschichte der Präventionsarbeit gegen sexuellen Missbrauch als „Graswurzelbewegung" und Selbsthilfe pädagogischer Praxis mit wenig ausgebauten Kontakten zum Bereich der Forschung und zu anderen Handlungsfeldern der Prävention mit Ausnahme des Feldes der Prävention von (sexueller) Gewalt gegen Frauen (z. B. Plummer, 1999).

2.	Ein Handlungsfeld mit Merkmalen, die sich einer raschen Assimilation durch den Mainstream der Präventionsforschung, der auf die Prävention von Krankheiten und Verhaltensstörungen fokussiert ist, entziehen. Generell sind Terminologie und handlungsleitende Bilder des Mainstreams (z. B. das Leitbild der „Impfung" gegen eine Krankheit) nicht nahtlos auf den Bereich der Prävention von belastenden Lebensereignissen oder -situationen zu übertragen (Levine & Perkins, 1997). Zu diesem Bereich zählt aber das Feld der Prävention von sexuellem Missbrauch.

3.	Ein an der Energie der beteiligten Fachkräfte zehrendes rasches Wachstum vorhandener Präventionsprogramme gegen sexuellen

Missbrauch bei gleichzeitig enger Abhängigkeit von einer schwankenden öffentlichen Unterstützung und einem latenten gesellschaftlichen Unbehagen bei der Beschäftigung mit der Thematik (Daro, 1994).

4. Speziell die Bundesrepublik betreffende Gründe liegen sicherlich auch in einer institutionellen Schwäche der Präventionsforschung und der historischen Abkoppelung angewandter Studiengänge von einer wissenschaftlich qualifizierenden Ausbildung, so dass im Feld der Prävention von sexuellem Missbrauch in der Bundesrepublik nur wenige wissenschaftlich qualifizierte Fachkräfte tätig sind.

Umso begrüßenswerter ist es, dass *AMYNA e.V. – Institut zur Prävention von sexuellem Missbrauch* diese wissenschaftliche Expertise zu den konzeptuellen Grundlagen, dem Forschungsstand und den konkreten Möglichkeiten einer Wirksamkeitsforschung im Bereich der Prävention von sexuellem Missbrauch in Auftrag gegeben hat. Bei der Bearbeitung der Fragestellung wurde ein präventionswissenschaftlicher Ansatz zur Anwendung gebracht. Dies bietet mehrere mögliche Vorteile:

1. Zunächst lässt sich das methodische Know-how der generativen Analyse dazu nutzen, um den gegenwärtigen Wissensstand zu relevanten Risiko- und Schutzmechanismen bei sexuellem Missbrauch systematisch zu untersuchen und zu bewerten. Im Anschluss kann einerseits nach bislang übersehenen oder unterbewerteten Ansatzpunkten präventiver Anstrengungen und andererseits nach bislang unzureichend fundierten Elementen bestehender Präventionskonzepte gefragt werden. Beide Fragen sind wichtig, weil die theoretische und empirische Verankerung eines Präventionskonzeptes in der relevanten Grundlagenforschung als feldübergreifend wichtiger Wirksamkeitsindikator angesehen werden kann, so dass Evaluationen vor allem bei gut fundierten Konzepten aussichtsreich erscheinen.

2. Weiterhin ergeben sich aus der Beurteilung der bisherigen Evaluationsforschung im Bereich der Prävention von sexuellem Missbrauch vor dem Hintergrund der methodischen Erfahrungen und Ergebnisse im übergeordneten Bereich der Präventionswissenschaft vielleicht Hinweise auf bestehende Lücken und notwendige Weiterentwicklungen.

3. Schließlich kann versucht werden, bei der Bewertung bislang unzureichend evaluierter Elemente bestehender Präventionskonzepte gegen sexuellen Missbrauch innovative Synergien aus dem Einbezug von Erfahrungen in verwandten Handlungsfeldern freizusetzen.

Nach der bereits erfolgten Darstellung einiger Grundlagen der Präventionswissenschaft (Kapitel I), wird in Kapitel II zunächst eine generative Analyse der Grundlagen präventiver Konzepte gegen sexuellen Missbrauch an Mädchen und Jungen skizziert. Anschließend wird der gegenwärtige Stand der Evaluationsforschung zur Prävention von sexuellem Missbrauch erläutert. Dann werden im Rahmen einer exemplarischen Innovationsanalyse wissenschaftliche Grundlagen und in anderen Präventionsfeldern gewonnene Erfahrungen zu dem im Bereich der Prävention von sexuellem Missbrauch bislang nur unzureichend ausgearbeiteten Ziel der Förderung des Selbstvertrauens der einbezogenen Kinder untersucht. In Kapitel III werden die Ergebnisse der Expertise zusammengefasst. Es werden im Folgenden Ansatzpunkte für eine erfolgversprechende Präventionsarbeit aufgezeigt.

II Evaluation der Wirksamkeit von Maßnahmen zur Prävention von sexuellem Missbrauch

Generative Analyse: Der Forschungsstand zum sexuellen Missbrauch an Mädchen und Jungen

Es gibt wenig Zweifel daran, dass das Problem des sexuellen Missbrauchs von Mädchen und Jungen über Zeiten und Kulturen hinweg bestanden hat und besteht (z. B. Bange & Deegener, 1996; Korbin, 1990). Die Reaktionen der Öffentlichkeit, gesellschaftlichen Institutionen und der Gesundheitsberufe scheinen aber in den westlichen Demokratien lange Zeit, von bemerkenswerten Ausnahmen abgesehen, von einer geringen Responsivität gegenüber dem Leid der Opfer bis hin zu einer feindseligen Ablehnung Betroffener gekennzeichnet gewesen zu sein (z. B. Gordon, 1988; Olafson et al., 1993; Conte, 1994; Hommen, 1999). Mit der zweiten Frauenbewegung (z. B. Rush, 1980; Kavemann & Lohstöter, 1984) begann sich dieses Bild zu verändern. Erst zu diesem Zeitpunkt, nämlich Ende der 70er Jahre, reagierte auch die Forschung erstmals mit nennenswerten Anstrengungen auf die Problematik des sexuellen Missbrauchs von Kindern (für frühe Forschungsübersichten siehe Kempe, 1977; Finkelhor, 1979). Im Mittelpunkt früher Forschungsbemühungen standen hierbei Fragen der Prävalenz, also der Häufigkeit sexueller Missbrauchserlebnisse, sowie Untersuchungen zu den Folgen solcher Erfahrungen (für deutschsprachige Übersichten siehe Brockhaus & Kolshorn, 1993; Bange & Deegener, 1996). Im vergangenen Jahrzehnt hat sich das Forschungsfeld nochmals enorm weiterentwickelt und differenziert. Aktuell behandelte Themen umfassen

–   methodenbewusste Studien zu den Auswirkungen von sexuellen Missbrauchserfahrungen (für eine narrative Übersichtsarbeit siehe Kendall-Tackett et al., 1993; für meta-analytische Übersichten siehe Jumper, 1995; Neumann et al., 1996; Dallam et al., 2001; für methodisch besonders aussagekräftige Zwillingsstudien siehe Nelson et al., 2002; Kendler et al., 2000),

–   das Verständnis der Ursachen interindividuell unterschiedlicher Verläufe nach sexuellen Missbrauchserfahrungen (für eine Übersichtsarbeit zum Einfluss kognitiver Faktoren siehe Spaccarelli, 1994; zum

Einfluss von Merkmalen des sexuellen Missbrauchs siehe Haugaard & Emery, 1989; zum Einfluss der Familienumwelt siehe Freyd, 1996; für Längsschnittstudien zum Verlauf nach sexuellen Missbrauchserlebnissen siehe unter anderem Tebbutt et al., 1997 und Calam et al., 1998),

– effektive Formen der Behandlung von traumatisierten Missbrauchsopfern (für eine Forschungsübersicht siehe Saywitz et al., 2000),

– forensisch und therapeutisch relevante Einsichten in Gedächtnisprozesse nach traumatischen Erfahrungen (für eine Übersicht siehe Cicchetti & Toth, 1997),

– die Einschätzung von Rückfallrisiken bei Missbrauchstätern (für eine Übersicht siehe Hanson & Brussiere, 1998) und

– die Einschätzung der Wirksamkeit verschiedener Interventionsformen bei Missbrauchstätern (für Übersichtsarbeiten siehe Barbaree, 1997; Berner, 1998; Alexander, 1999).

Qualitativ gute, allgemeine und relativ aktuelle Übersichten über das Forschungsfeld finden sich bei Amann & Wipplinger (1997) sowie bei Fergusson & Mullen (1999).

Forschungen zur Häufigkeit und zu den teilweise gravierenden Auswirkungen sexueller Missbrauchserfahrungen haben die Dringlichkeit präventiven Handelns generell verdeutlicht und waren ein wichtiges Motiv für die Entwicklung einer Präventionspraxis, die ein hohes Gewicht auf die Aufklärung der Öffentlichkeit über Ausmaß und Bedeutung des Problems legte (z. B. Daro, 1994; Daro & Donnelly, 2002). Eine solche Art der Öffentlichkeitsarbeit schafft die Grundlage für die öffentliche Akzeptanz und Bereitschaft zur Mitarbeit bei Maßnahmen zur Prävention von sexuellem Missbrauch und ist daher sicherlich unverzichtbar. Informationen über Ausmaß und Folgen sexueller Missbrauchserfahrungen geben für sich genommen aber keine spezifischen Hinweise darauf, wie sinnvollerweise versucht werden kann, solche Erfahrungen zu verhindern. Im Sinne einer problemanalytischen oder generativen Phase im allgemeinen Ablaufmodell der Präventionsforschung müssen daher einige andere Forschungsaspekte als besonders bedeutsam für die inhaltliche Ausgestaltung von Präventionsprogrammen angesehen werden, da sie Aufschluss über das verfügbare Wissen zu relevanten Risiko- und Schutzmechanismen geben. Es handelt sich hierbei um

- Längsschnittstudien zu kind- oder familienbezogenen Risikofaktoren einer späteren sexuellen Viktimisierung im Kindesalter,

- Studien zu Risikofaktoren einer konkurrenten oder späteren Aus- übung sexueller Gewalt gegen Kinder,

- Analysen zur Situationsgenese und dem Ablauf vollendeter oder abgewehrter sexueller Übergriffe gegen Kinder aus der Perspektive verschiedener Beteiligter,

- repräsentative Untersuchungen zu strukturellen, sozialen und kultu- rellen Korrelaten von Unterschieden in der Prävalenz von sexuellem Missbrauch,

- Forschungen zu Einflussfaktoren auf „Disclosureprozesse" bei Kin- dern, also auf innerpsychische, soziale und situationale Prozesse, die dazu führen, dass von sexuellem Missbrauch betroffene Kinder in ei- nem informellen oder formellen Rahmen zutreffende Angaben über ihre Missbrauchserfahrungen machen.

Der Forschungsstand zu diesen fünf Punkten wird im Folgenden kurz zusammengefasst und anschließend zusammenfassend bewertet.

In der Mehrzahl aller vorliegenden **Untersuchungen zu kind- oder familienbezogenen Risiko- und Schutzfaktoren einer sexuellen Viktimisierung im Kindesalter** wurden Mädchen und Jungen mit und ohne sexuelle Missbrauchserfahrungen anhand verschiedener, nachträg- lich erhobener Merkmale miteinander verglichen. Eine meta-analytische Übersicht zum vorliegenden Forschungsstand findet sich bei Black, Heyman & Slep (2001). Eine Reihe von Risikofaktoren, die statistisch in einem moderat starken Zusammenhang zu Missbraucherfahrungen stan- den, wurden identifiziert (z. B. unterdurchschnittliche Schulleistungen, externalisierende Verhaltensprobleme bei Jungen, unterdurchschnittliches Familieneinkommen, Aufenthalt eines Kindes in einer Ein-Eltern-Familie oder in einer Stieffamilie, überdurchschnittliche Belastung von Eltern durch psychiatrische Symptome, belastete Mutter-Kind-Beziehung, über- durchschnittliche Beaufsichtigung eines Kindes). Die genannten Befunde sind aufgrund des dahinterstehenden Forschungsdesigns, das es nicht erlaubt, Folgen und Prädiktoren sexueller Missbrauchserfahrungen klar zu trennen, und das einen Rückgriff auf chronisch unzuverlässige retro- spektive Berichte (z. B. Henry et al., 1994; Widom, 1997; Offer et al., 2000) notwendig macht, als Grundlage für Präventionskonzepte kaum verwendbar. Jedoch liegen mittlerweile auch Ergebnisse zweier prospektiver Studien vor. In der in vielerlei Hinsicht beispielhaften Christchurch Längsschnittstudie wurden die über 1000 Kinder eines Geburtsjahrganges in der neuseeländischen Stadt Christchurch ab der Geburt bis ins junge Erwachsenenalter hinein wissenschaftlich begleitet. In den ersten 16 Lebensjahren mussten hierbei nach ihrem eigenen Bericht 46 Kinder (4,5 Prozent) sexuelle Missbrauchserfahrungen mit Körperkontakt machen, weitere 36 (3,5 Prozent) Kinder mussten eine Missbrauchserfahrung mit Penetration erleben (Fergusson et al., 1996). Tabelle 1 zeigt die aus den veröffentlichten Daten berechenbaren Odds Ratios für verschiedene untersuchte, vorab erhobene Risikofaktoren sowie (in Klammern) die Prozentanteile der von dem Risikomerkmal betroffenen Kinder, die im Verlauf ihrer Kindheit die jeweiligen sexuellen Missbrauchserfahrungen machen mussten. Das zur Darstellung der Befunde verwendete Maß des „Odds Ratios" kommt aus der Epidemiologie und gibt an, um welchen Faktor das Verhältnis von missbrauchten zu nicht missbrauchten Kindern in der Risikogruppe (d. h. der in den jeweiligen Tabellenzeilen angegebene Risikofaktor liegt vor) im Vergleich zur Gruppe ohne diesen Risikofaktor ungünstiger wird. Ein Odds Ratio von 1 bedeutet, dass in beiden Gruppen (mit und ohne Risikofaktor) das gleiche Verhältnis von missbrauchten zu nicht missbrauchten Kindern gefunden wurde. Ein Odds Ratio mit einem Wert, der größer als 1 ist, zeigt an, dass in der Risikogruppe das Verhältnis von missbrauchten zu nicht missbrauchten Kindern vergleichsweise ungünstiger geworden ist. Liegt der Wert beispielsweise bei 2, so ist das Verhältnis von missbrauchten zu nicht missbrauchten Kindern in der Risikogruppe im Vergleich zur Gruppe ohne Risiko doppelt so ungünstig (zur genaueren Herleitung und Beschreibung des „Odds Ratios" siehe etwa Fleiss, 1994; Scott et al., 1999).

Tabelle 1: Prognostische Aussagekraft mehrerer Risikofaktoren für zwei Formen erfahrenen sexuellen Missbrauchs in der prospektiven Christchurch Längsschnittstudie erhoben als Odds Ratio (in Klammern: Prozentanteil Kinder mit dem jeweiligen Risikomerkmal, die im Laufe der Kindheit Missbrauch erfuhren).

Missbrauchserfahrung Risikomerkmal	mit Körper- kontakt	mit Penetration
Stiefelternteil vor 15	1,96 (7,2 %)	4,42 (9,6 %)
Familie im Quartil mit den heftigs-ten Streitigkeiten zwischen den Eltern	1,86 (6,8 %)	2,55 (6,4 %)
Familie im Quartil mit der gerings-ten Fürsorge für das Kind	1,68 (6,4 %)	3,56 (7,7 %)
Alkoholprobleme bei einem oder beiden Elternteilen	2,02 (7,6 %)	3,26 (8,5 %)

In einer zweiten Längsschnittstudie, dem sogenannten „Minnesota Mutter-Kind-Projekt" (z. B. Egeland, 1997), wurden 267 Kinder, die unter ungünstigen Umständen (z. B. Armut, Mutter bei der Geburt des Kindes noch im Jugendalter) zur Welt kamen, bis ins junge Erwachsenenalter hinein begleitet. Bis zum Ende des Kindergartens machten 11, bis zum Ende der Grundschule 15 Kinder Erfahrungen mit sexuellem Missbrauch. Die bislang vorliegenden Analysen zu Risikomerkmalen eines sexuellen Missbrauchs bis zum Ende des Kindergartens (Pianta et al., 1989) zeigen, dass betroffene Kinder bereits vor den Missbrauchsvorfällen als Gruppe durchgängig bei allen Erhebungszeitpunkten weniger emotionale Unterstützung seitens der Mutter erfuhren als Kinder, die weder Missbrauch noch Misshandlungen oder Vernachlässigungen erleben sollten. Weitere Unterschiede zeigten sich im Ausmaß mütterlicher Stressbelastung, im Anregungsgehalt der häuslichen Umgebung für das Kind und in einer Reihe von mütterlichen Stimmungs- und Persönlichkeitsmerkmalen. Die vorliegenden Veröffentlichungen erlauben keine genauen Berechnungen der Effektstärken, jedoch lässt sich aus der Stichprobengröße und dem erreichten Signifikanzniveau abschätzen, dass geringe bis mittlere Effekte gefunden wurden. In einer Reihe vertiefender Analysen konnte gezeigt werden, dass Kinder, die am Ende der mittleren Kindheit Geschlechter- und Schamgrenzen nur schlecht wahrnehmen konnten (und sich deshalb unter Umständen auch unbeabsichtigt eher in Gefahr begaben) in der Herkunftsfamilie einen wenig sorgsamen Umgang mit ihren eigenen Körper- und Schamgrenzen erlebt hatten und dazu neigten, diese Erfahrungen später an eigene Kinder weiterzugeben (Sroufe et al. 1993, Levy, 1999). In einer eingeschränkten Fähigkeit zur Wahrnehmung von Gefahren und in einer dauerhaft wenig schützenden häuslichen Umgebung liegen vielleicht auch zwei der Gründe, warum eine vorangegangene Viktimisierung durch sexuelle Übergriffe, aber auch durch andere Formen von Gewalt, das Risiko (erneuter) sexueller Missbrauchserfahrungen noch während der Kindheit deutlich zu erhöhen scheint. Die besten derzeit hierzu vorliegenden Daten stammen aus einer umfangreichen repräsentativen Telefonbefragung von Boney-McCoy & Finkelhor (1995) und zeigen für **alle** Formen vorangegangener Viktimisierungen zusammengenommen einen Anstieg des Risikos (erneuter) sexueller Vikimisierungen um etwa den Faktor 5.

Verglichen mit dem Forschungsstand zu Risikofaktoren einer sexuellen Viktimisierung im Kindesalter liegen zu **Risikofaktoren einer späteren Ausübung sexueller Gewalt gegen Kinder** kaum gesicherte empirische Befunde vor. Immerhin wurden in den letzten Jahren aber erstmalig komplexere Modellvorstellungen über die Entwicklung sexuell aggressiver Verhaltensmuster gegen Kinder vorgestellt (z. B. Marshall & Marshall, 2000; Ward & Hudson, 1998), die in Zukunft forschungsleitend wirken können. Hierbei wurden jeweils einige aus retrospektiven Forschungsdesigns mit bekannten Kindesmissbrauchern und Vergleichsgruppen erschlossene Risikofaktoren zur Vorstellung eines schrittweise aufeinander aufbauenden und zu sexuellen Gewalttaten gegen Kinder führenden Entwicklungsweges miteinander verbunden (z. B. unsichere Bindungsbeziehungen und in der Folge ein geringes Selbstvertrauen sowie eingeschränkte Beziehungsfähigkeiten, vor diesem Hintergrund eine ungünstige Verarbeitung selbst erlebter sexueller Viktimisierungen oder anderer unangemessener sexueller Erfahrungen mit der Folge einer Etablierung von Sexualität als vermeidendes Problembewältigungsmuster und einer psychischen Verankerung auf Kinder bezogener sexueller Phantasien, negative Verstärkung und Überlernen dieser Phantasien im Rahmen von Selbstbefriedigungsmustern als Grundlage für ein Erleben emotionaler Kongruenz beim Denken an Übergriffe und ein dadurch motivierter Aufbau selbsttäuschender kognitiver Verzerrungen über die Bedeutung und die Folgen von sexueller Gewalt gegen Kinder). Die Beschreibung eines solchen Entwicklungsweges kann aber nicht ohne Vorsicht als Grundlage für Präventionskonzepte genutzt werden, da die rein rekonstruktive Natur der bislang vorliegenden Daten zu diesem Entwicklungsweg kaum eine Abschätzung erlaubt, wie viele Betroffene auf jeder Stufe den Absprung von diesem Entwicklungsweg schaffen (für eine bemerkenswerte Ausnahme siehe die Studie von Briggs & Hawkins, 1996). Ohne solche Informationen kann die Vorhersagekraft von Risikofaktoren und damit ihre Bedeutung für die Prävention aber nur schwer eingeschätzt werden. Zudem liegen keine replizierten empirischen Informationen darüber vor, welche Prozentanteile sexueller Kindsmissbraucher durch einen solchen Entwicklungsweg tatsächlich zutreffend erfasst werden und wie viele anderen Entwicklungswegen (z. B. einem generell antisozialen Entwicklungsweg, vgl. Kindler, 1999) folgen. Werden prospektive Studien herangezogen, so lassen sich nach gegenwärtigem Wissensstand zwei Risikofaktoren (sexuell aggressive Verhaltensauffälligkeiten von Jungen, sexuelle Viktimisierung von Jungen) beschreiben.

Sexuell aggressive Verhaltensweisen bei Jungen im Jugendalter stellen den besten bekannten täterbezogenen längsschnittlichen Prädiktor späterer sexueller Übergriffe dar. Righthand & Welch (2001) berichten in einer Übersichtsarbeit von mittlerweile sieben follow-up Studien mit etwa 1000 jugendlichen Sexualstraftätern. Bei einem durchschnittlichen follow-up Zeitraum außerhalb von Institutionen von 3,5 Jahren wurde demnach bei etwa 11 Prozent der Jugendlichen mindestens ein neuer sexueller Übergriff bekannt. Diese Zahl liegt um ein Mehrfaches über Vergleichszahlen für männliche Jugendliche, die andere Straftaten begangen haben oder für zufällig ausgewählte männliche Jugendliche aus der Gemeinde (z. B. Sipe, Jensen & Everett, 1998), wenngleich quantitative Schätzungen der Stärke dieses Risikofaktors noch ausstehen. Publizierte Längsschnittstudien zum Verlauf sexuell aggressiver Verhaltensweisen bei Jungen im Kindesalter waren zum Zeitpunkt der Erstellung der Expertise nicht auffindbar (für Übersichten zum mageren Stand der Forschung siehe Deegener, 1998; Araji, 1997). Da aber bei einem erheblichen Anteil jugendlicher Sexualstraftäter ein Beginn sexuell aggressiven Verhaltens im Kindesalter retrospektiv feststellbar war (z. B. Burton, 2000; Ryan et al., 1996) und da altersuntypische gewaltförmige Verhaltensmuster generell eine relativ hohe Stabilität aufweisen, ist es zumindest plausibel, sexuell aggressive Verhaltensweisen auch im Kindesalter als bedeutsamen Risikofaktor anzusehen.

Die Gruppen sexuell missbrauchter Jungen und Jungen mit sexuell aggressiven Verhaltensauffälligkeiten überschneiden sich teilweise, wenngleich nicht vollständig. Auch wurde bei retrospektiven Befragungen identifizierter erwachsener sexueller Kindesmissbraucher stets ein relativ hoher Anteil an Männern mit sexuellen Viktimisierungserfahrungen in der Kindheit oder im Jugendalter gefunden. Nach einer deutschsprachigen Forschungsübersicht (Julius & Boehme, 1997) reichte die Spannweite hierbei von 20 bis 93 Prozent mit einem arithmetischen Mittel bei 49 Prozent. Fergusson & Mullen (1999) nennen eine Spannweite von 20 bis 30 Prozent. Da diese Zahlen mehrheitlich über der bekannten Prävalenz sexueller Viktimisierungserfahrungen bei Jungen bzw. Männern liegen, wurden solche Erfahrungen in der Literatur bereits frühzeitig (z. B. Groth, 1979) als Risikofaktor für sexuell aggressives Verhalten angesehen. Die einzige bislang bekannte umfangreiche Längsschnittstudie, in der spätere Sexualstraftaten früherer Opfer sexueller Gewalt im Kindesalter untersucht wurden (Widom, 1995), bestätigte diese Vermutung (Odds Ratio 4,7). Jedoch handelte es sich in dieser Untersuchung bei der Kategorie der Sexualstraftaten um eine Mischkategorie, in die auch unerlaubte Prostitution eingeschlossen war. Wurden nur ausgeübte sexuelle Übergriffe gezählt, sank das Risiko für Opfer sexueller Gewalt, während Kinder, die ausschließlich oder zusätzlich zu einer erfahrenen sexuellen Viktimisierung auch mit einem hohen Ausmaß an körperlicher Gewalt in der Familie konfrontiert worden waren, gefährdeter erschienen (Odds Ratio 7,6). Dieses Ergebnis konvergiert eindrucksvoll mit Befunden aus Querschnittsuntersuchungen, nach denen eine brutalisierte häusliche Atmosphäre und eine akzeptierte Verwendung von Sexualität als Machtmittel die Wahrscheinlichkeit eines Ausübens sexueller Gewalt durch sexuell missbrauchte Jungen deutlich erhöhte (z. B. Skuse et al., 1998; Ryan et al., 1996). Eine mögliche Interpretation dieser Befunde setzt bei der Unterscheidung zwischen (statistischem) Risikofaktor und (kausalem) Risikomechanismus an. Ein selbst erfahrener sexueller Übergriff wäre demnach bei Jungen zwar ein Risikofaktor, der zugehörige Risikomechanismus würde aber nur insoweit arbeiten, als eine Einbettung dieser Erfahrungen in eine antisoziale Einstellung gegenüber Sexualität erfolgt. Wie Skuse et al. (1998) zutreffend hervorheben, muss die allmähliche Annäherung an den Risikomechanismus hinter den bekannten statistischen Befunden bedeutsame Auswirkungen auf die Prävention mit sexuell missbrauchten Jungen haben.

Zur **Genese von Missbrauchssituationen** liegen Analysen auf der Grundlage der Berichte von Tätern und von Opfern vor. Die rückblickenden Wahrnehmungen nicht-missbrauchender Elternteile scheinen bislang hingegen keine Berücksichtigung erfahren zu haben. Über Einzelfallanalysen hinaus (Heiliger, 2000; Deegener, 1995; Singer et al., 1992) wurden empirische Berichte aus der Sicht von Tätern von Kaufman et al. (1998), Bullens (1995), Elliott et al. (1995), Budin & Johnson (1989), Conte et al. (1989), sowie Lang & Frenzel (1988) vorgelegt. Drei Studien rekrutierten Teilnehmer im Rahmen von Therapien (Bullens, 1995; Conte et al., 1989; Lang & Frenzel), eine Studie untersuchte inhaftierte Sexualstraftäter (Budin & Johnson, 1989) und zwei Studien nutzten sowohl Haftanstalten als auch ambulante Therapiemaßnahmen, um Teilnehmer anzusprechen (Kaufman et al., 1998; Elliott et al., 1995). Insgesamt wurden über 500 erwachsene oder jugendliche Männer einbezogen, die eines oder mehrere Kinder sexuell missbraucht hatten und dies auch eingestanden. Informationen wurden mit Hilfe von Fragebögen (Kaufman et al., 1998; Budin & Johnson, 1989; Lang & Frenzel, 1988) oder Interviews (Elliott et al., 1995; Conte et al., 1989) eingeholt. Bei einer Untersuchung ging aus der Beschreibung nicht klar hervor, ob es sich um einen Fragebogen oder ein Interview gehandelt hatte (Bullens, 1995). Nur in einer Studie wurde die Validität der erhaltenen Informationen einer Kontrolle durch Wiederholungsbefragungen und einem Vergleich mit Polizeiakten unterzogen (Kaufman et al., 1998). In einer weiteren Studie wurde die Befragung durch die Therapeuten am Ende der Therapie durchgeführt, so dass zumindest eine informelle Kontrolle wohl gegeben war (Conte et al., 1989). Bezüglich der Rolle kindlicher Verhaltens- oder Persönlichkeitsmerkmale bei der Auswahl von möglichen Opfern wurden in vier der genannten Studien Informationen eingeholt (Bullens, 1995; Elliott et al., 1995; Conte et al., 1989; Budin & Johnson, 1989). Zurückhaltende, wenig selbstbewusste, verletzlich oder bedürftig wirkende Kinder wurden dabei am häufigsten als anziehend beschrieben. **In keiner der zitierten Untersuchungen traf dies jedoch auf mehr als 50 Prozent der befragten Täter zu.** In einigen Fällen wurde auch angegeben, offene und freundliche Kinder seien als anziehend empfunden worden oder es sei allein die Verfügbarkeit eines Kindes ausschlaggebend gewesen. Drei Studien (Elliott et al., 1995; Conte et al., 1989; Budin & Johnson, 1989) untersuchten die Komponente des Aufbaus einer vertrauten, speziellen Beziehung im Groomingprozess vor Übergriffen und fanden, dass eine deutliche Mehrzahl von bis zu zwei Drittel der untersuchten Täter nach ihren Angaben versucht hatte, durch Aufmerksamkeit, gemeinsame Spiele, praktische Anleitung bei Tätigkeiten, die das Kind erlernen wollte, und Geschenke eine besondere Beziehung aufzubauen. Nur eine Studie (Conte et al., 1989) beschäftigte sich mit Strategien einer vorbereitenden Isolierung und Unterordnung späterer Opfer, jedoch wurde hierzu ohne nähere Angaben nur ausgeführt, dass solche Strategien von Tätern berichtet wurden. Das berichtete Vorgehen bei sexuellen Übergriffen selbst wurde in allen fünf angegebenen Studien (wenn auch unterschiedlich detailliert) erhoben. Als modale Vorgehensweise wurde von den Tätern hierbei eine Mischung aus anfänglich scheinbar zufälligen Berührungen, der Schaffung einer sexualisierten Atmosphäre, Geschenken, Versprechungen, Überredung und Drohung beschrieben (Kaufman et al., 1998; Elliott et al., 1995). Budin & Johnson (1989) und Elliott et al. (1995) fanden aber auch einen Anteil von etwa 10 bis 20 Prozent der Täter, die von Anfang an Gewalt ausübten und einen weit größeren Prozentsatz der Täter, der bereit war, bei einem deutlichen Widerstand des Kindes das Ausmaß des ausgeübten Zwanges zu erhöhen und der dies gegebenenfalls auch tat. **Die Mehrzahl der untersuchten Täter gab an, sie hätten sich durch einen Widerstand des Kinds kurzfristig abhalten, aber nicht aufhalten lassen.** Vier Untersuchungen (Kaufman et al., 1998; Elliott et al., 1995; Bullens, 1995; Budin & Johnson, 1989) schilderten berichtete Täterstrategien nach sexuellen Missbrauchshandlungen, um ein Schweigen des Opfers zu erreichen bzw. den weiteren Zugriff auf das Kind zu sichern. Mehr als zwei Drittel der Täter schien demnach ein Schweigen des Kindes ausdrücklich einzufordern und die Mehrzahl der Täter verlieh dem durch Drohungen Nachdruck, indem ein Entzug von Vorteilen angekündigt, Rache gegen das Kind bzw. seine Bindungspersonen oder ein Verlust an Liebe und Beziehung zum Täter (wenn dieser eine bevorzugte Person für das Kind darstellte) bzw. zu anderen Bindungspersonen des Kindes angedroht wurde. In manchen Fällen scheint auch eine Banalisierung oder Umdeutung (z. B. zu einem Privileg) des Geschehens versucht worden zu sein, um ein Weitererzählen weniger attraktiv zu machen.

Analysen von Missbrauchssituationen aus Opfersicht scheinen bislang seltener durchgeführt worden zu sein. Neben illustrativen Einzelfallanalysen (z. B. Hartwig, 1990) konnten zwei empirische Arbeiten lokalisiert werden (Berliner & Conte, 1990; Krischer, 2002). Berliner & Conte (1990) befragten 23 sexuell missbrauchte Kinder im Alter von 10 bis 18 Jahren zur Situation vor Missbrauchshandlungen. Wie auch von Tätern angegeben, schilderten die befragten Kinder zu einem Anteil von etwa zwei Drittel Versuche des Täters, vorab eine besonders enge Beziehung zum späteren Opfer aufzubauen **und** diese Beziehung allmählich zu sexualisieren („zufälliges" Betreten des Bade- oder Schlafzimmers 70 %, „zufällige" sexuelle Berührungen 61 %, sich dem Kind nackt zeigen 61 %, Fragen über Sexualität 52 %, anzügliche Kommentare über das Aussehen und die Kleidung des Kindes 48 %, Schilderung sexueller Erlebnisse durch den späteren Täter 26 %). Deutlicher als in den Schilderungen der Täter selbst trat hingegen das Element der Isolierung hervor (z. B. Wunsch nach exklusiv zu zweit verbrachter Zeit 61 %, Verbot Freunde zu haben 39 %), sowie ein allgemeiner Mangel an Respekt vor der Privatsphäre des Kindes und vor Generationengrenzen (z. B. fehlender Respekt vor der Privatsphäre des Kindes 61 %, Schilderung intimer Details der Mutter oder Partnerin des Täters 39 %). Die Analyse der Übergriffssituationen selbst stand im Mittelpunkt einer größeren deutschen Untersuchung (Krischer, 2002). Hierfür wurden die im Rahmen einer aussagepsychologischen Begutachtung erhobenen Angaben von 141 sexuell missbrauchten Mädchen der Altersspanne zwischen 9 und 13 Jahren zur Genese erfahrener sexueller Übergriffe ausgewertet. In allen Fällen wurde die Aussage der Kinder als wahrscheinlich erlebnisfundiert beurteilt. Ausgeschlossen wurden Fälle, in denen der Vater des Mädchens als Täter beschuldigt wurde, weiterhin Fälle, in denen vom Täter körperliche Gewalt angewandt wurde und Fälle, in denen ein Geschlechtsverkehr vollzogen wurde. Trotz dieser Einschränkung der Bandbreite von Missbrauchsvorfällen konnte Krischer (2002) noch sieben verschiedene Handlungsverläufe unterscheiden. (1) In der mit etwa einem Viertel der Fälle häufigsten, als Ausnutzen einer ausweglosen Lage durch eine enge Vertrauensperson bezeichneten Fallkonstellation, kam es aus alltäglichen Kontaktsituationen heraus zu einem für das Kind überraschenden sexuellen Übergriff. Die anderen, zum Teil sehr unterschiedlichen Fallkonstellationen zeigten Häufigkeiten zwischen 17 und 9 Prozent und umfassten (2) die Ausnutzung kindlicher Beschäftigungen zu überraschenden, offen sexuellen Handlungen, (3) ein Handlungsmuster, bei dem nach längerer Anbahnungsphase versucht wurde, das Kind durch Täuschung in ausweglose Situationen bzw. in irreführend bezeichnete und gerahmte sexuelle Handlungen zu verstricken, (4) die allmähliche Anbahnung eines sexuell manipulativen Verhältnisses zu einer Gruppe von Kindern, (5) den Überraschungsangriff durch einen Fremden oder einen flüchtig Bekannten, (6) den Übergriff durch eine Autoritätsperson, dem der Anschein der Beiläufigkeit und Harmlosigkeit gegeben wurde und (7) die sexuelle Ausbeutung eines emotional vernachlässigten Kindes im Rahmen eines für das Kind attraktiven Beziehungsangebotes. **Die von Krischer (2002) nachgezeichneten Übergriffsmuster verdeutlichen nachdrücklich, dass an Kinder gerichtete Vorschläge zur Vermeidung bzw. Unterbrechung von**

Missbrauchssituationen anstelle modaler Vorstellungen eine Vielzahl an Situationen berücksichtigen müssen und trotzdem angesichts der geschilderten Dynamik und des Machtungleichgewichts in der Situation an enge Grenzen stoßen. Die Autorin irrt jedoch, wenn sie eine benennende Aufklärung und ein Einüben verbaler Ablehnung aufgrund ihrer Ergebnisse für wenig erfolgversprechend hält (S. 200). Da aussagepsychologische Gutachten nur eingeholt werden, wenn eine strafbare Handlung im Raum steht, ist es reichlich unwahrscheinlich, dass Fälle erfolgreicher kindlicher Abwehrhandlungen in die Stichprobe gelangt sind.

In einer Reihe von Studien wurden soziale und kulturelle Korrelate von Unterschieden in der Prävalenz von sexuellem Missbrauch untersucht. Hierbei wurden mindestens drei bedeutsame Risikofaktoren identifiziert (Gewalt in der Partnerbeziehung der Mutter bzw. der Eltern, Behinderung des Kindes, Zugehörigkeit zu bzw. Akzeptanz einer stark patriarchalen Kultur). Sowohl eine häufige, als auch eine zwar seltene, aber doch stattfindende Gewalt in der Partnerbeziehung der Mutter bzw. der Eltern ging in einer weitgehend repräsentativen, retrospektiven Befragung in der bundesdeutschen Wohnbevölkerung der Altersspanne zwischen 16 und 59 Jahren mit einer merklichen Erhöhung des Auftretens von sexuellem Missbrauch einher (für häufige Partnerschaftsgewalt: Odds Ratio: 3,3, Prozentanteil sexuell missbrauchter Personen 13,5, für seltene Partnerschaftsgewalt: Odds Ratio: 2,5, Prozentanteil sexuell missbrauchter Personen 10,3) (Wetzels 1999). Dieser Befund findet seine Bestätigung durch ähnlich große oder größere Effekte in einer Reihe weiterer Untersuchungen (z. B. McCloskey et al., 1995; Paveza, 1988). Unterschiede in den Prävalenzraten für sexuellen Missbrauch wurden weiterhin in Abhängigkeit vom Vorliegen einer Behinderung beim Kind festgestellt. In einer großen epidemiologischen Untersuchung fanden Sullivan & Knutson (2000) beispielsweise eine um den Faktor 4 erhöhte Missbrauchsrate bei Kindern mit einer geistigen Behinderung, eine um den Faktor 5,5 erhöhte Missbrauchsrate bei Kindern mit einer Verhaltensstörung und eine gegenüber der Vergleichsgruppe immerhin noch doppelt so hohe Missbrauchsrate bei körperlich behinderten Kindern. Ein statistisch bedeutsamer Zusammenhang besteht auch zwischen Merkmalen einer patriarchalen kulturellen Orientierung (aggressiv-dominantes Männlichkeitsbild, Bejahung von Machtungleichgewichten zwischen Männern und Frauen, Abwertung von als weiblich wahrgenommenen Merkmalen und Tätigkeiten) und der Häufigkeit von sexueller Gewalt. Dies lässt sich sowohl innerhalb von

Kulturen (für einen Überblick siehe Kindler, 1999), als auch kulturübergreifend (z. B. Sanday, 1981) nachweisen. Jedoch konnten aus den hierzu vorliegenden Studien aufgrund fehlender statistischer Angaben keine Effektstärken berechnet werden.

Disclosure, also der Prozess der Hilfesuche und des Offenlegens von kindlichen Erfahrungen sexuellen Missbrauchs ist für Präventionskonzepte aus mindestens vier Gründen von Bedeutung: (1) Disclosure kann zur Folge haben, dass ein andauernder Missbrauch beendet wird. (2) Disclosure kann dazu führen, dass ein Täter daran gehindert wird, andere Personen zu missbrauchen. (3) Disclosure kann einen Prozess einleiten, der späteren Gefährdungen eines Kindes durch andere Täter vorbeugt. (4) Disclosure kann einen Prozess einleiten, der eine Weitergabe von Missbrauchserfahrungen durch ein späteres Ausüben von sexueller Gewalt verhindert. **Die Grundraten (base rate) von Disclosure unmittelbar oder kurz nach Missbrauchserlebnissen liegen über verschiedene Untersuchungen hinweg nur bei etwa einem Viertel bis einem Drittel betroffener Kinder und damit erschreckend niedrig (z. B. Gomes-Schwartz et al., 1990; Kelley et al., 1993; Bange & Deegener, 1996; Smith et al., 2000).** Oxman-Martinez et al. (1997) fanden eine mittlere Dauer zwischen dem (ersten) Missbrauchsvorfall und Disclosure von drei Jahren, Lamb & Edgar-Smith (1994) sogar von zehn Jahren. Statische und daher aus Sicht der Prävention nur indirekt, d. h. nur über eine Arbeit an der psychologischen und sozialen Bedeutung dieser Faktoren, beeinflussbare Korrelate eines Verschweigens oder späten Offenlegens von Missbrauchserfahrungen waren ein männliches Geschlecht, ein jugendliches Alter zum Zeitpunkt des (ersten) Missbrauchserlebnisses, das Vorhandensein von Behinderungen, die Zugehörigkeit zu einer Minderheitenkultur, der Missbrauch durch eine Vertrauensperson, ein bereits über längere Zeit fortgesetzter Missbrauch und Drohungen des Täters (für eine Forschungsübersicht siehe Paine & Hansen, 2002). Veränderbare, also durch Präventionsmaßnahmen möglicherweise direkt beeinflussbare Korrelate eines offenen Hilfesuchens nach Missbrauchserfahrungen waren ein vom Opfer erfahrenes Mindestmaß an sozialer Unterstützung, Nachfragen des Umfeldes in Reaktion auf sexualisierte Verhaltensweisen oder vage, auf Missbrauchserfahrungen hinweisende Äußerungen eines betroffenen Kindes und (bei Kindern im Kindergarten- und Grundschulalter) eine unmittelbar vorausgegangene Präventionsmaßnahme. In einer beispielhaften, aber erstaunlicherweise weithin unbekannten Untersuchung fanden Lawson & Caffin (1992) bei Kindern, die sich mit einer sexuell übertragbaren Krankheit angesteckt hatten und die daher vermutlich einen Missbrauch erfahren hatten, deutliche Unterschiede in der Bereitschaft (und Fähigkeit) des Kindes, über seine Erfahrungen zu sprechen, in Abhängigkeit von der durch das medizinische Personal eingeschätzten Unterstützung des Kindes durch die Mutter. Kinder mit einem Mindestmaß an sozialer Unterstützung durch die Mutter sprachen 3,5 mal häufiger über ihre Erfahrungen als Kinder ohne eine solche Unterstützung. Auch Sorenson & Snow (1991) berichten aus einer Analyse von 116, durch externe Umstände (medizinische Befunde, Geständnis oder Verurteilung des Täters) validierten Fällen sexuellen Missbrauchs, dass ein soziales Umfeld, das auf sexualisierte Verhaltensweisen bzw. vage Äußerungen des Kindes zumindest mit Nachfragen reagiert oder das sogar Aufklärung in Form einer Präventionsmaßnahme aktiv anbietet, in manchen Fällen einen Disclosure-Prozess einleiten kann (34 Prozent in der Stichprobe), der andernfalls vielleicht ausgeblieben wäre. Als vermutlich zumindest moderat beeinflussbare innere Hemmschwellen gegenüber einer Hilfesuche kurz nach sexuellen Missbrauchserfahrungen werden in der Literatur verschiedene Gründe von Kindern (Scham, Gefühl der Mitschuld, Verpflichtungsgefühl aufgrund gegebener Zusagen, Angst vor Schuldzuweisung, Unglaube durch das soziale Umfeld, Trennung von der Familie und Stigmatisierung, Furcht Familienmitglieder zu belasten oder zu gefährden, Angst vor Racheakten durch den Täter, Mitleid oder Trennungsangst gegenüber dem Täter) genannt, ohne dass hierzu jedoch bislang aussagekräftige empirische Studien vorliegen würden. In einer qualitativ guten Studie zu institutionellen Gegebenheiten bei der Abklärung eines vorhandenen Missbrauchsverdachtes berichten Fegert et al. (2001), dass es in einem frühen Stadium des Disclosure-Prozesses zu Kontakten zu einem breiten Spektrum an Einrichtungen kommen kann und viele, teils mehrfache Weiterverweisungen erfolgen. Besondere Schwerpunkte von Erstmeldungen liegen beim Jugendamt, bei spezialisierten Beratungsstellen und medizinischen Fachkräften. Das Erleben der institutionellen Kontakte durch die betroffenen Kinder und ihrer Bezugspersonen wurde stark durch die wahrgenommene Qualität des persönliches Kontaktes zu den Fachkräften, die Transparenz der Situation und die Bearbeitungsdauer bestimmt. Es erscheint plausibel, dass alle drei genannten Aspekte institutionellen Handelns damit auch den Disclosure-Prozess beeinflussen. Explizit wurde ein Zusammenhang zwischen dem Erleben der institutionellen Kontakte und den von den Kindern gemachten Angaben über Missbrauchserlebnisse in der Untersuchung von Fegert et al. (2001) jedoch nicht hergestellt. Andere Untersuchungen zu günstigen Bedingungen für Disclosure bei Befragungen in einem institutionellen Rahmen deuten aber darauf hin, dass fokussierte und strukturierte, aber nicht suggestiv beeinflussende Fragen bei einer unvoreingenommenen und zugewandten Haltung der befragenden Person am häufigsten zu einem erlebnisgestützen Bericht führen (Cantlon et al., 1996; Sternberg et al., 1997; DeVoe & Faller, 2002; Sternberg et al., 2002).

Das für präventive Maßnahmen gegen sexuellen Missbrauch relevante Grundlagenwissen nimmt zweifellos rasch zu. In der vorangegangenen kurzen Forschungsübersicht konnten etwa für den Zeitraum seit 1995 doppelt so viele Einzelstudien und Übersichtsstudien zitiert werden wie für den gesamten Zeitraum vor 1995. Trotzdem ist es ebenso wahr, dass noch bedeutsame Schwachstellen und Lücken in der Literatur existieren. Lücken bestehen beispielsweise (1) im Hinblick auf die rückblickende Wahrnehmung von Warnanzeichen während des Groomingprozesses aus Sicht nicht-missbrauchender Elternteile, (2) im Hinblick auf die Sammlung und Auswertung erfolgreicher Unterbrechungen von Missbrauchsinteraktionen aus der Sicht von Tätern, Kindern und anderen beteiligten Erwachsenen, (3) im Hinblick auf Längsschnitt- und Detailstudien mit sexuell aggressiven Jungen im Kindesalter und (4) im Hinblick auf rekonstruktive Gesamtdarstellungen des Disclosureprozesses unter Einbeziehung verschiedener Informationsquellen. Als Schwachstellen der Literatur sind zu nennen: (1) Eine teilweise geringe Anzahl an Replikationen. Dies betrifft beispielsweise Analysen von kind- oder familienbezogenen Risikofaktoren im Rahmen großer Längsschnittstudien, Prävalenzuntersuchungen an Kindern mit verschiedenen Behinderungen und an Kindern aus verschiedenen kulturellen Gruppen sowie Studien zum Grooming- und Disclosure-Prozess aus der Sicht betroffener Kinder. (2) Ein weiteres Problem stellt die häufig ungeklärte Repräsentativität der Befunde dar. Da diesem Problem aufgrund des Dunkelfeldes nur schwer direkt beizukommen ist, würde die zunächst anzuwendende Methode in einer Kombination verschiedener Rekrutierungswege, Samples und Perspektiven bestehen, so wie dies bei der Analyse der Genese von Missbrauchssituationen bereits ansatzweise gelungen ist. Ob und wenn ja, welchen Einfluss verschiedene Rekrutierungswege, Samples und Perspektiven haben, kann sich dann bei einem Vergleich der Ergebnisse zeigen. Dies macht es allerdings auch notwendig, dass Instrumente aus früheren Untersuchungen erneut verwendet werden und nicht jede Forschungsarbeit auf der Entwicklung einer ideosynkratischen Methodik besteht. Über die aufgelisteten Lücken und Schwachstellen der Forschung hinaus ist ein Warnhinweis hinsichtlich der Interpretation der Befunde angebracht. Die erhobenen Korrelate sexuellen Missbrauchs können methodisch als (statistische) Risikofaktoren, nicht aber ohne weiteres als (kausale) Risikomechanismen interpretiert werden. Eine solche Interpretation mag in manchen Fällen plausibel und zutreffend sein. Die Methodik liefert hierfür aber nur einen Ansatzpunkt, da kausal informativere Designs in der Forschung noch fehlen und vielleicht auch nicht zu erreichen sind. Dies bedeutet beispielsweise, dass abgeleitet aus den Schilderungen von Tätern zu ihrem Opferselektionsprozess ein geringes Selbstvertrauen eines Kindes zwar als Risikofaktor angesehen werden kann. Dies bedeutet aber nicht, dass potentielle Täter in einer veränderten individuellen oder gesellschaftlichen Ökologie mit selbstbewussteren Kindern auch tatsächlich sexuelle Übergriffe einstellen würden und nicht andere Präferenzen (z. B. für jüngere Kinder, so wie von den Daten der amerikanischen „National Incidence Study-3" nahegelegt) entwickeln oder ein gewalttätigeres Vorgehen wählen würden.

Noch vor etwa 10 Jahren musste Daro (1994) aus dem vorliegenden Forschungsstand folgern, dass aufgrund des Fehlens relevanter Risikofaktoren eigentlich nur universelle Präventionsprogramme möglich erscheinen. Die aktuelle Analyse der Literatur zeigt, dass sich dieses Bild gewandelt hat. Mittlerweile sind eine Reihe von Risikofaktoren bekannt, deren Vorhersagekraft in anderen Bereichen der Prävention als legitime Begründung selektiver Programme angesehen wird. So liegt im Bereich der Medizin die Vorhersagekraft des Risikofaktors Rauchen auf die Auftretenswahrscheinlichkeit von Lungenkrebs etwa bei d=0,37 (Ondersma et al., 1999), eine Effektstärke, die auch in mehreren der hier berichteten Untersuchungen erreicht wird. Der Punkt ist hier weniger, dass universelle Präventionsmaßnahmen obsolet geworden sind, als vielmehr, dass selektive Präventionsmaßnahmen möglich geworden sind. Schwerpunktsetzungen könnten nach den vorliegenden Befunden beispielsweise bei emotional vernachlässigten Kindern, Kindern mit sexuellen Missbrauchserfahrungen, sexuell aggressiven Jungen, Kindern mit Behinderung und Kindern, die Gewalt gegen die Mutter miterlebt haben bzw. bei den Familien dieser Kinder und den hierfür zuständigen Fachkräften ansetzen.

Schon sehr früh wurde mit Verwunderung zur Kenntnis genommen, dass Präventionsmaßnahmen gegen sexuellen Missbrauch sehr stark auf die direkte Arbeit mit Kindern konzentriert sind (z. B. Daro, 1994). In den letzten Jahren wurde dies verschiedentlich zum Anlass für kritische Bemerkungen (z. B. Bange, 2002; McMahon & Puett, 1999) genommen. Die vorliegenden Befunde unterstreichen und unterstützen diese Kritik. So zeigten sich etwa im Hinblick auf kind- und familienbezogene Risikofaktoren sowie im Hinblick auf strukturelle Korrelate unterschiedlicher Prävalenzraten eindeutig proximale Faktoren, die dem Einfluss von Kindern entzogen sind (z. B. elterliche Fürsorgestrategien, Beziehungsgewalt in der Partnerschaft der Mutter, Behandlung von sexuell aggressivem Verhalten) und stattdessen in der Verantwortung von Erwachsenen liegen. Weiterhin verdeutlichte die Analyse der Situationsgenese von Missbrauchsinteraktionen die Komplexität und Vielfalt dieses Prozesses sowie die latente oder manifeste Ausübung von Zwang, so dass insgesamt sowohl die Verständnis- als auch die Handlungsmöglichkeiten von Kindern in solchen Situationen meist sehr begrenzt sein dürften. Schließlich zeigte die Analyse von Disclosure-Prozessen wesentliche Einflüsse der Responsivität von Erwachsenen gegenüber Warnhinweisen sowie eine bedeutsame Rolle proaktiver Thematisierungen von sexuellem Missbrauch.

Wie in anderen Bereich der Prävention und Forschung steht menschliche Informationsverarbeitung auch im Bereich der Prävention von sexuellem Missbrauch häufig in der Gefahr, sich einseitig auf modale Indikatoren zu konzentrieren und die Variabilität und Vielfalt zugrundeliegender Prozesse zu vernachlässigen (z. B. Feingold, 1992). Dies mag vertretbar sein, wenn der Modalwert bei 80 oder 90 Prozent liegt. Liegt der Modalwert aber, wie im vorliegenden Fall bei Merkmalen der Opferselektion oder Ablaufmustern von Missbrauchsinteraktionen unter oder um 50 Prozent, so ist eine Ausrichtung von Präventionsstrategien auf „typische" oder „häufige" Merkmale nur als irreführend zu bezeichnen.

Analysen zur Wirksamkeit von Präventionsmaßnahmen gegen sexuellen Missbrauch an Mädchen und Jungen

Bestehende Präventionsprogramme in den Vereinigten Staaten (für eine Übersicht siehe etwa Plummer, 2001; Daro, 1994) wie in anderen westlichen Demokratien (Marquardt-Mau, 1995; Knappe & Selg, 1993) scheinen sich bislang überwiegend direkt an Kinder gewandt zu haben. Entsprechend konzentrierte sich auch ein Großteil der vorliegenden Evaluationsstudien über mögliche Auswirkungen solcher Programme auf Kinder. Bereits 1996 zählte der amerikanische General Accounting Office (eine Art Bundesrechnungshof) 16 zumeist narrative Übersichtsarbeiten auf der Grundlage von 135 Einzelstudien zur Wirksamkeit von Präventionsprogrammen gegen sexuellen Missbrauch (GAO, 1996). Alle Übersichtsarbeiten beschäftigten sich dabei mit Programmen, die sich an Schulkinder wandten. 15 der 16 Übersichtsarbeiten diskutierten zusätzlich Effekte von Programmen mit Kindergartenkindern. Nur 5 bzw. 6 Übersichtsarbeiten beschäftigten sich, zumeist am Rande, mit dem Nutzen einer präventiven Arbeit mit Eltern bzw. Lehrkräften. Seit dem Erscheinen des GAO-Berichtes sind mindestens 7 weitere narrative Übersichtsarbeiten veröffentlicht worden (Mace, 2000; Roberts & Miltenberger, 1999; Wurtele, 1998; Repucci, Land & Haugaard, 1998; Lohaus & Schorsch, 1997; Lohaus & Larisch, 1997; Amann & Wipplinger, 1997), weiterhin mindestens 2 meta-analytische Arbeiten (Davis & Gidycz, 2000; Rispens, Aleman & Goudena, 1997) sowie eine Vielzahl weiterer Einzelstudien, die hier nicht einzeln aufgeführt werden.

Für eine präventive Arbeit mit Kindern werden in den Vereinigten Staaten, wie in der Bundesrepublik, weitgehend einheitlich einige übergeordnete Ziele genannt (z. B. Bange, 2002; Amann & Wipplinger, 1997; Wurtele, 1998; GAO, 1996; Daro, 1994). Demnach sollen Kinder (1) über die Möglichkeit sexuellen Missbrauchs informiert werden, sie sollen (2) lernen, gefährliche Situationen oder sexuelle Übergriffe zu erkennen und (wenn möglich) zu beenden und sie sollen (3) ermutigt werden, vergangene oder zukünftige Missbrauchserlebnisse Vertrauenspersonen anzuvertrauen. Mit dem Aufkommen einer stärker kompetenzorientierten Strömung im Gesamtfeld der Prävention, also weit über den Bereich der Prävention von sexuellem Missbrauch hinaus, wurden zusätzlich als Ziele angegeben, (4) Kinder sollten darin bestärkt werden, ihren Körper positiv und selbstbestimmt zu erleben und (5) in ihrem Selbstbewusstsein gefördert werden.

Da Meta-Analysen (für eine Einführung in die Technik siehe Durlak & Lipsey, 1991) bei gegebenen Anwendungsvoraussetzungen die wissenschaftlich aussagekräftigste Form der Zusammenfassung von Forschungsbefunden darstellen, werden zunächst die Befunde der beiden aktuellen Meta-Analysen berichtet. Rispens et al. (1997) untersuchten Lerneffekte nach Präventionsmaßnahmen mit Kindern hinsichtlich dreier übergeordneter Präventionsziele (Information über sexuellen Missbrauch, berichtete oder im Rollenspiel gezeigte Fähigkeit, gefährliche Situationen bzw. tatsächliche Übergriffssituationen zu erkennen und zu beenden, berichtete Bereitschaft Missbrauchserlebnisse einer Vertrauensperson mitzuteilen) und fanden bei über 4000 Kindern im Kindergarten- und Grundschulalter auf der Grundlage von 16 Studien in den ersten beiden Monaten nach der Teilnahme an einem Präventionsprogramm einen im Mittel starken Effekt (d=0,71) und im follow-up (1 bis 6 Monate posttest) einen im Mittel moderaten Effekt (d=0,62). Positiv auf den Effekt wirkte sich eine Programmdauer von mehreren Stunden sowie die Einbeziehung von praktischen Handlungselementen aus. Kinder aus unteren sozialen Schichten profitierten im Mittel zunächst mehr, bei ihnen schwand der Lerneffekt jedoch auch wieder schneller. Das Alter der Kinder stellte bei der herangezogenen Altersspanne keinen bedeutsamen Moderator dar. Die Meta-Analyse von Davis & Gidycz (2000) untersuchte dieselben Ergebnisvariablen, konnte aber 11 Studien mehr heranziehen, so dass sich die Anzahl der einbezogenen Kinder der Alterspanne von 3 bis 13 Jahren auf etwas über 8000 verdoppelte. Wurde eine „Ausreißer"-Studie mit ungewöhnlich starken Effekten ausgeschlossen (eine gängige Technik um das Ergebnis repräsentativer zu gestalten), so ergab sich wiederum ein im Mittel starker Effekt (d=0,76). Tabelle 2 zeigt die Effektstärken (verwendetes Maß: Cohens „d", für eine Einführung in dieses Maß siehe McCartney & Rosenthal, 2000) für einige ausgewählte Kontrollvariablen. Je größer die genannte Zahl, desto wirksamer waren die jeweiligen Präventionsprogramme im Mittel. Um die berichteten Effektstärken besser einschätzen zu können, sei zum Vergleich beispielhaft darauf hingewiesen, dass die mittlere Effektstärke von Psychotherapien mit Kindern etwa bei 0,70 liegt, die mittlere Effektstärke bei Familientherapie zwischen 0,50 und 0,30 und die mittlere Effektstärke von „Rückenschulen" zur Vermeidung von Rückenschmerzen bei 0,14 (Rosenthal & DiMatteo, 2001; Lipsey & Wilson, 1993).

Tabelle 2: Effektstärken (Cohens „d") in der Meta-Analyse von Davis & Gidycz (2000) für ausgewählte Kontrollvariablen

Kontrollvariable	mittlerer Effekt
einmalige Veranstaltung	0,598
mehr als 3 Veranstaltungen	1,536
keine aktive Beteiligung der Kinder	0,453
Kinder konnten mitreden	0,657
Kinder konnten etwas tun	1,202
mittleres Alter 3–5 Jahre	0,937
mittleres Alter 5,1–8 Jahre	1,243
mittleres Alter 8,1–12 Jahre	0,770
mit Rollenspiel oder Theater	0,910
ohne Rollenspiel oder Theater	0,688
mit praktischen Übungen	1,210
ohne praktische Übungen	0,663

Keine Rolle bei den Effekten spielte es, ob das Programm durch eine mit den Kindern vertraute Lehrkraft oder durch eine spezialisierte Präventionsfachkraft vermittelt wurde, wodurch die Möglichkeit eines kostengünstigen Multiplikatorenansatzes eröffnet wird.

Keinerlei Auswertungen fanden sich in der Literatur zur Frage einer durch Präventionsmaßnahmen positiveren Wahrnehmung des eigenen Körpers oder einer Erhöhung des Selbstvertrauens. Es scheint daher, dass diese im Rahmen einer „Empowerment"- oder „Kompetenz orientierten" Sichtweise in den Zielkatalog präventiver Maßnahmen aufgenommenen Ziele bislang noch keine Berücksichtigung in der Evaluationsforschung gefunden haben. Jedoch wurde verschiedentlich festgestellt, dass Präventionsprogramme von den teilnehmenden Kindern in der Regel positiv erlebt wurden und meist mit einem Anstieg des Sicherheitsgefühls einhergingen (für eine Forschungsübersicht siehe Wurtele, 1998). Längere Programme und Programme mit praktischen Übungen wurden dabei besonders positiv beurteilt (z. B. Finkelhor & Dziuba-Leatherman, 1995). Kleinere Gruppen von Kindern reagierten jedoch im Selbstbericht (z. B. 8 Prozent in einer repräsentativen Untersuchung von Finkelhor & Dziuba-Leatherman, 1995) oder im Elternbericht (z. B. 2 Prozent in einer Elternbefragung von Tutty, 1997) mit einer zeitweise deutlichen Beunruhigung auf die Auseinandersetzung mit der Thematik. Ein von Eltern und Kindern berichtetes moderates Ausmaß an Beunruhigung bei der Mehrheit der teilnehmenden Kinder (z. B. Finkelhor & Dziuba-Leatherman, 1995) kann als Indikator dafür gesehen werden, dass es den an Kinder gerichteten Programmen meist durchaus gelingt, ihre Zielgruppe innerlich zu engagieren. Langfristig negative Auswirkungen auf die soziale oder sexuelle Entwicklung wurden erwartungsgemäß empirisch nicht gefunden (z. B. Zusammenhang zur späteren sexuellen Zufriedenheit im jungen Erwachsenenalter d=0,0, Gibson & Leitenberg, 2000).

Trotz dieser positiven Effekte blieb jedoch die Frage ungeklärt, wie eng die bislang genannten Präventionsziele mit der tatsächlichen Auftretenswahrscheinlichkeit von sexuellem Missbrauch zusammenhängen. Diese offene Frage war lange Zeit als Achillesferse der Wirksamkeitsforschung über Präventionsprogramme gegen sexuellen Missbrauch anzusehen. Wiederholt wurde festgestellt, dass die Frage der Wirksamkeit dieser Präventionsprogramme deshalb generell als ungeklärt anzusehen sei (z. B. Daro 1994; GAO 1996). In mehreren Schritten wurden mittlerweile jedoch einige Belege für eine reale Wirksamkeit gesammelt. Zunächst wurde in einigen Simulationsstudien das Verhalten von Kindern nach Präventionsprogrammen in potentiell riskanten Situationen mit möglichen Fremdtätern untersucht. So ließen etwa Fryer et al. (1987) Kinder an einem isolierten Ort in der Schule von einer fremden Person ansprechen und um Hilfe außerhalb des Schulgeländes bitten. Nach einem Präventionsprogramm sank die Bereitschaft der angesprochenen Kinder, mit dem Fremden mitzugehen, im Vergleich zu einem Prätest sowie im Vergleich zu einer Kontrollgruppe deutlich (Odds Ratio 2,6 bzw. 2,2). Für Forschungsübersichten über ähnliche Befunde weiterer Simulationsstudien siehe Miltenberger & Olson (1996) sowie Wurtele (1998). In einem nächsten Schritt wurde gezeigt, dass Präventionsprogramme nicht selten Disclosureprozesse über belegbare Missbrauchserfahrungen auslösen oder fördern und auf jeden Fall auf diese Weise zu einer Verminderung von Missbrauch beitragen (z. B. Araji et al., 1995; Pohl & Hazzard, 1990; Kolko et al., 1989). Zuletzt wurde nun in zwei größeren retrospektiven Befragungen gezeigt, dass die Teilnahme an einem Präventionsprogramm auch über lange Zeit hinweg mit Unterschieden im Abwehrverhalten, der Disclosure-Bereitschaft, der empfundenen Fähigkeit zum Selbstschutz und der Viktimisierungsrate einhergeht. Keine Unterschiede zeigten sich im Hinblick auf die Fähigkeit, Übergriffe in Missbrauchssituationen erfolgreich abzuwehren. Ein leicht negativer Effekt trat im Hinblick auf die Verletzungsrate auf. Im einzelnen wurden zunächst im Rahmen der „National Youth Victimization Prevention Study" 2000 zufällig ausgewählte Jugendliche der Altersspanne zwischen 10 und 16 Jahren zu Viktimisierungserfahrungen, Abwehrverhalten und ihrer Teilnahme bzw. Erinnerung an Präventionsprogramme befragt (Finkelhor, Asdigian & Dziuba-Leatherman, 1995a; Finkelhor, Asdigian & Dziuba-Leatherman, 1995b). Jugendliche, die an einem „umfassenden" Präventionsprogramm, das mindestens neun von zwölf inhaltlichen Qualitätsmerkmalen erfüllen musste, teilgenommen hatten (Prävalenz bei der Erstbefragung 34 %), schilderten zum Befragungszeitpunkt bzw. im Follow-up 1 Jahr später im Vergleich zu Jugendlichen ohne die Möglichkeit bzw. mit geringeren Möglichkeiten zur Auseinandersetzung mit Präventionsbotschaften, mehr Wissen über sexuellen Missbrauch, gaben an, in Bedrohungssituationen eher Abwehrverhalten gezeigt zu haben, zeigten sich zufriedener bezüglich ihrer Möglichkeit eines Selbstschutzes und gaben an, Vikimisierungserfahrungen eher Vetrauenspersonen mitgeteilt zu haben (Odds Ratio 2,27; 71 vs. 52 Prozent). In einer realen Missbrauchssituation konnten Kinder (nach ihren Angaben) aber auch nach der Teilnahme an einem umfassenden Präventionsprogramm einen Übergriff nicht häufiger verhindern, sie erlebten sogar etwas häufiger eine körperliche Verletzung (Odds Ratio 2,49; 15 vs. 7 Prozent). Über die Möglichkeit einer erfolgreichen Gegenwehr in Missbrauchssituationen hinaus fanden jedoch Gibson & Leitenberg (2000) bei einer Befragung von über 800 jungen Frauen Hinweise darauf, dass Teilnehmerinnen an Präventionsprogrammen später seltener überhaupt in Missbrauchssituationen kamen (Odds Ratio 1,89; 8 vs. 14 Prozent). Wiederum zeigte sich ein Effekt der Teilnahme an Präventionsprogrammen auf die Disclosure-Bereitschaft in zeitlicher Nähe zum Vorfall.

Die vorliegenden Befunde zu Zusammenhängen zwischen der Teilnahme an Präventionsprogrammen und der Prävalenz bzw. dem Verlauf und Erleben realer Missbrauchssituationen bedürfen der Replikation. Sie sind jedoch insgesamt ermutigend. In der „National Youth Victimization Prevention Study" wie in der Untersuchung von Gibson & Leitenberg (2000) wurde zudem übereinstimmend ein statistischer Effekt von Präventionsprogrammen auf Disclosure-Prozesse nachgewiesen. Dieser Aspekt stand auch im Mittelpunkt der einzigen bislang veröffentlichten Studie zu den

Auswirkungen einer Medienkampagne. Hoefnagels & Baartman (1997) berichten hierin von einer in den Niederlanden über ein Jahr hinweg durchgeführten nationalen Kampagne, in deren Rahmen missbrauchte und misshandelte Kinder ermutigt wurden, bei einer kostenlosen Telefonberatung Hilfe zu suchen. Gegenüber einer base-line-Erhebung in den Monaten vor der Kampagne zeigte sich während der Kampagnenzeit und in einem follow-up-Zeitraum in etwa eine Verdreifachung der Anzahl der Selbstmeldungen sexuell missbrauchter Kinder, die überwiegend Hilfe zur Beendigung aktueller Missbrauchsbeziehungen suchten.

Ein etwas anderer Schwerpunkt wurde in einer langfristig angelegten Kampagne mit dem Titel „Stop it now!" im amerikanischen Bundesstaat Vermont gelegt. Die Kampagne zielte einerseits darauf ab, erwachsene Einwohner des Staates besser über sexuellen Missbrauch zu informieren und sie damit handlungsfähiger zu machen. Weiterhin sollten Täter ermutigt werden, sich freiwillig in Behandlung zu begeben, um die von ihnen ausgehende Gefahr zu verringern. Eine Beschreibung der Kampagneninhalte und -formen findet sich auf der Internetseite der Kampagne (www.stopitnow.com) oder bei Chasan-Taber & Tabachnick (1999). Die Auswertung nach zwei und vier Jahren zeigte bei repräsentativen Zufallsbefragungen der erwachsenen Wohnbevölkerung eine allmähliche Zunahme des Informationsstandes, aber eine anhaltende Unsicherheit über mögliche Handlungsweisen bei einem bestehenden Verdacht, eine bekannte Person könne aktuell ein Kind sexuell missbrauchen. Weiterhin wurde festgestellt, dass sich im Untersuchungszeitraum bei einer Gesamtbevölkerungsanzahl von ca. einer halben Million etwa 140 Personen freiwillig als (potentielle) Täter in Behandlung begeben hatten.

In der Kampagne „Stop it now!" wurde ausdrücklich entschieden, sich mit Präventionsanstrengungen gegen sexuellen Missbrauch nicht an Kinder, sondern an Erwachsene zu wenden. Mit einer aus allen erwachsenen Einwohnern bestehenden Zielgruppe, seien es nun Personen mit oder ohne direkten Kontakt zu Kindern, ist das Programm hochgradig untypisch für das Feld der Prävention gegen sexuellen Missbrauch. In einer Vielzahl an Programmen wurde hingegen versucht, Eltern oder pädagogische Fachkräfte anzusprechen. In Anlehnung an Lohaus & Schorsch (1997) können dabei mehrere Formen der Beteiligung von Eltern bzw. pädagogischen Fachkräften unterschieden werden:

1. Die **Einbeziehung** in ein kindzentriertes von Präventionsfachkräften konzipiertes und durchgeführtes Programm. Eine solche Einbeziehung kann beispielsweise die Form programmbegleitender Informationsveranstaltungen annehmen und mit der Bitte verbunden sein, die Programminhalte mit den Kindern nachzubesprechen, für deren Fragen offen zu sein und auf eventuelle Mitteilungen eines stattfindenden Missbrauchs hellhörig und unterstützend zu reagieren.

2. Die **Übertragung** einer Vermittlungsrolle. In diesem Fall werden Eltern oder pädagogische Fachkräfte für die Vermittlung eines von Präventionsfachkräften entwickelten kindzentrierten Programms ausgebildet und um die Vermittlung der Inhalte an die ihnen anvertrauten Kinder gebeten.

3. Die **Befähigung** zur eigenständigen Präventionsarbeit mit Kindern. Ziel eines solchen Ansatzes ist es, Eltern oder pädagogische Fachkräfte mit den Grundgedanken der Präventionsarbeit vertraut zu machen und sie in der eigenständigen Übertragung dieser Gedanken in ihre pädagogische Praxis zu unterstützen. Ein vorgefertigtes, mit Kindern anwendbares Programm wird nicht angeboten.

4. Die **Stärkung der Verantwortlichkeit** für die Verhinderung bzw. Unterbrechung von Missbrauch bei anvertrauten Kindern. Hierbei wird mit Eltern oder pädagogischen Fachkräften an der Kenntnis und den Wahrnehmungsschwellen gegenüber Hilfesignalen betroffener Kinder gearbeitet, fachlich angemessene Entscheidungs- und Handlungspläne bei bestehenden Verdachtsmomenten werden besprochen oder Gefahren eines Missbrauchs in der Institution erörtert.

Wird die vorliegende Literatur zur Evaluation von Präventionsmaßnahmen gegen sexuellen Missbrauch hinsichtlich dieser vier, auch in Mischungen auftretenden Formen der Beteiligung von Eltern bzw. pädagogischen Fachkräften durchgesehen, so ist festzustellen, dass fast alle vorliegenden Evaluationen sich mit den ersten beiden Beteiligungsformen beschäftigen. Evaluationen unterscheiden sich dabei danach, ob Informationen über die Effekte bei den unmittelbar einbezogenen Erwachsenen (z. B. Wissensstand über sexuellen Missbrauch, über Möglichkeiten, mit Kindern über sexuellen Missbrauch zu sprechen, oder über angemessene Reaktionen bei Disclosure) oder den mittelbar einbezogenen Kindern (z. B. Wissen über sexuellen Missbrauch und über gefährliche Situationen, Wissen über geeignete Handlungsstrategien, berichtete Bereitschaft zum Disclosure) eingeholt wurden. Fast alle Evaluationen bleiben auf der Wissens- bzw. Repräsentationsebene. Auf dieser Ebene wurden mehrfach auf die Erwachsenen bezogene, positive Effekte von Veranstaltungen mit Lehrkräften (z. B. Kleemeier et al., 1988) und Eltern (z. B. Knappe 1995; Berrick 1988) gefunden, wenngleich in manchen Fällen „Deckeneffekte auftraten", d. h. bereits vor Beginn der Veranstaltungen erreichten die teilnehmenden Personen auf dem verwandten Auswerteinstrument sehr positive Einschätzungen, so dass weitere Verbesserungen durch das Präventionsprogramm kaum noch möglich waren (z. B. Reppucci et al., 1994). Auch wenn nach einer Einbeziehung bzw. der Übertragung einer Vermittlungsrolle an pädagogische Fachkräfte oder Eltern Informationen bei den Kindern erhoben wurden, zeigten sich häufig, wenngleich nicht durchgängig positive Effekte. Die Daten zu Wirkungen einer Vermittlung von Präventionsprogrammen an Kinder durch pädagogische Fachkräfte finden sich zusammengefasst bei Davis & Gidycz (2000) und waren im Mittel von den Wirkungen einer Durchführung durch Präventionsfachkräfte nicht zu unterscheiden. Wurde die Vermittlung eines Präventionsprogramms an Eltern übertragen, so zeigten sich bei den Kindern teilweise positive Effekte und teilweise Nulleffekte (für Forschungsübersichten siehe Roberts & Miltenberger, 1999; Wurtele & Miller-Perrin, 1992). Arbeiteten Eltern und Lehrkräfte bei der Vermittlung von Präventionsinhalten zusammen, so traten aber bei den Kindern in allen veröffentlichten Untersuchungen deutliche Effekte, auch in der berichteten Auseinandersetzung mit tatsächlichen Missbrauchssituationen (z. B. Finkelhor et al., 1995a), auf.

In der veröffentlichten Literatur konnten weder erwachsenenbezogene noch kindbezogene Evaluationen einer Eltern oder pädagogische Fachkräfte zu einer eigenständigen Präventionsarbeit mit Kindern befähigenden Fortbildungsarbeit gefunden werden. Über die Wirksamkeit einer solchen Herangehensweise sind daher im Moment keine empirisch gestützten Vermutungen möglich.

Bezüglich der Stärkung der Verantwortlichkeit von Eltern bzw. Fachkräften bei der Verhinderung bzw. Unterbrechung von sexuellem Missbrauch gibt es Bereiche, in denen Fortbildungsmaterialien und -veranstaltungen bislang weitgehend fehlen (z. B. sexuelle Entwicklung von Kindern, Einschätzung von sexuell aggressivem Verhalten; für eine bemerkenswerte Ausnahme siehe das Curriculum des „Kempe Center's Perpetration Prevention Program", z. B. Ryan, 2000) und daher bis jetzt auch keine Evaluationen möglich waren. Ebenso liegen bisher keine Daten über einen Einfluss von Präventionsprogrammen auf die Wahrnehmungsschwelle,

Informationssuche und Reaktionsweise von nicht-missbrauchenden Eltern auf sexuelle Viktimisierungserfahrungen ihres Kindes vor (für eine Übersicht zum gegenwärtigen, noch sehr lückenhaften Forschungsstand siehe Elliott & Carnes, 2001). Jedoch wurden in einer Reihe von Staaten mit einer Meldepflicht bei Verdachtsfällen Trainingsprogramme entwickelt, die pädagogische Fachkräfte bei der Verantwortungsübernahme und einem fachlich angemessenen Handeln im Umgang mit dem Verdachtsfall unterstützen sollen. Der generelle Befund zur Ausgangslage scheint dabei zu sein, dass sich pädagogische Fachkräfte mit ihrer Aufgabe häufig überfordert fühlen und dazu neigen, ihre persönlich wahrgenommene Verantwortung zu minimieren. In manchen Untersuchungen wurde beunruhigenderweise auch festgestellt, dass die Interventionsbereitschaft mit wachsender Erfahrung mit dem Jugendhilfebereich ab- statt zunimmt. Nach den Ergebnissen der stellenweise vorliegenden Auswertungen können Trainingsprogramme für pädagogische Fachkräfte helfen, die Interventionsbereitschaft zu stärken und die empfundene Wahrnehmungs- und Handlungssicherheit erhöhen (z. B. Hawkins & McCallum, 2001). Über Auswirkungen auf das tatsächliche Handeln liegen keine systematischen Informationen vor.

Zusammenfassend lässt sich sagen, dass für Präventionsprogramme gegen sexuellen Missbrauch, die sich direkt an Kinder wenden, aus mehreren Forschungsansätzen heraus übereinstimmende Hinweise auf eine beschränkte, aber positive Wirkung vorliegen. Die Wirkung lässt sich über unmittelbare emotionale und kognitive Reaktionen, Zuwächse des Handlungswissens in hypothetischen und simulierten Situationen bis hin zu Verhaltensweisen im Umgang mit realen Bedrohungen und Viktimisierungen nachzeichnen. Auch im Bereich der Prävention von sexuellem Missbrauch scheint sich somit die im vergangenen Jahrzehnt zunehmend positivere Einstellung gegenüber der Nützlichkeit präventiver Programme empirisch zu bestätigen.

Diese Nützlichkeit scheint aber zugleich in mehrerlei Hinsicht beschränkt. (1) Zum einen wurden mit wachsender Handlungsnähe der Evaluationsmaße zunehmend nur noch moderate oder geringe Effekte gefunden. (2) Weiterhin scheinen bedeutsame positive Effekte auf methodisch hochwertige Präventionsprogramme beschränkt. Als Grobindikatoren der Qualität können dabei die Dauer des Programms, eine für Kinder attraktive Aufbereitung der Inhalte, vorhandene Beteiligungs- und Handlungsmöglichkeiten für Kinder sowie die Einbeziehung des Elternhauses angesehen werden. (3) Es gibt keinen Hinweis darauf, dass Kinder in Missbrauchsituationen eine Viktimisierung aus eigener Kraft verhindern können. Vielleicht müssen die Befunde sogar so interpretiert werden, dass einige Täter auf einen erhöhten kindlichen Widerstand mit einem höheren Maß an Zwang reagieren, so dass es etwas häufiger zu Verletzungen kommt. Eine solche Lesart wäre konsistent mit der Analyse der Genese von Missbrauchssituationen aus der Sicht von Tätern (vgl. S. 24 ff. der Expertise).

Der Forschungsstand zu den Auswirkungen kindzentrierter Präventionsprogramme lässt darüber hinaus noch mindestens drei wichtige Fragen weitgehend unbeantwortet:

1. Zum einen wurde bislang noch kaum nach Wechselwirkungen gefragt. Gibt es etwa einen Zusammenhang zwischen persönlichen Merkmalen bzw. der Lebenssituation von Kindern und ihrer Verarbeitung der Botschaften eines Präventionsprogramms? Welche Präventionsbotschaften werden von unterschiedlichen Altersgruppen aufgenommen? Zeigen sich positive Wirkungen bisheriger Präventionsprogramme über alle Arten sexueller Viktimisierung hinweg oder nur in bestimmten Situationen (z. B. bei Fremdtätern)? Erste empirische Arbeiten zu solchen Fragen sind in den letzten Jahren erschienen (z. B. Schwierigkeitsanalyse verschiedener Präventionsbotschaften in Abhängigkeit vom Alter: Tutty, 2000; Evaluation eines Präventionsprogramms bei lernbehinderten TeilnehmerInnen: Haseltine & Miltenberger, 1990, Präventionsmaßnahmen bei Kindern nach vorangegangener sexueller Viktimisierung: Shapiro, 1997; Selbstschutzstrategien in Abhängigkeit von Empfehlungen des Vaters: Asdigian & Finkelhor, 1995) und sollten zu einer Intensivierung dieser Forschungen ermutigen. Aufgrund der generativen Analyse sollte ein besonderer Schwerpunkt hierbei auf bedeutsame Risikogruppen (z. B. Kinder, die wenig elterliche Fürsorge erleben oder bislang wenig Bewusstsein für ihre Grenzen entwickeln konnten, Kinder aus Familien, in denen es zu Gewalt gegen die Mutter gekommen ist, Kinder mit Behinderungen, Viktimisierungserfahrungen oder der Zugehörigkeit zu einer Minderheitenkultur) gelegt werden.

2. Es gibt bislang kaum vergleichende Analysen verschiedener Programme, die über Grobindikatoren (z. B. Dauer des Programms, Ausmaß der Beteiligungsmöglichkeiten für Kinder) hinaus gehen. Dabei wäre es für die Praxis aber wichtig im Detail zu wissen, ob es beispielsweise bei verschiedenen Zielgruppen sinnvoll ist, verschiedene

mögliche Missbrauchssituationen zu besprechen oder ob besser eine Beschränkung auf eine vermutlich sehr häufige Situation erfolgt. Auch sollten verschiedene Formen der Aufbereitung schwieriger Punkte für Kinder (z. B. Missbrauch durch Vertrauenspersonen, Ausmaß an Gegenwehr in Missbrauchssituationen) in ihrer Wirkung miteinander verglichen werden.

3. Schließlich wäre es bedeutsam, mehr darüber zu erfahren, ob die Einbeziehung eher unspezifischer, Kompetenz orientierter Ziele (positives Verhältnis zum Körper, Stärkung des allgemeinen Selbstvertrauens) ebenfalls belegbare Auswirkungen hat oder im wesentlichen als modisches Zugeständnis an den Zeitgeist anzusehen ist.

Diese noch offenen Fragen können natürlich als Anregung bei der Planung von Evaluationsmaßnahmen in Modellprojekten zur fachlichen Weiterentwicklung des Feldes der Prävention gegen sexuellen Missbrauch verwandt werden. Daneben scheint es aber auch sinnvoll, sich Gedanken über die Evaluation von bereits etablierten Standardprogrammen zu machen. Solche Informationen tragen zwar weniger zur Weiterentwicklung des gesamten Feldes bei, können aber im konkreten Anwendungsfall die fachliche Qualität der Maßnahmen sicherstellen bzw. Anregungen zu einer Verbesserung der fachlichen Qualität geben. Sehr nahe an der Handlungsebene angesiedelte Evaluationsformen (z. B. Simulation, case tracking und spätere retrospektive Befragung) sind aufgrund der mit ihnen verbundenen methodischen Anforderungen dabei wohl kaum einsetzbar. Für weniger handlungsnahe Evaluationsmaßnahmen, die allerdings zumindest über wenig aussagekräftige Zufriedenheitseinschätzungen hinausgehen, haben sich mittlerweile aus der Vielzahl der verfügbaren Untersuchungen einige Instrumente mit bekannten Messeigenschaften und reich vorhandenen Vergleichsdaten herausentwickelt. Hierzu zählt etwa der „What if-Situationstest" von Sandy Wurtele oder der „Children's Knowledge of Abuse" Fragebogen von Leslie Tutty. In beiden Fällen wäre eine Übertragung ins Deutsche und Dissemination in der Bundesrepublik sinnvoll.

Neben Programmen, die sich direkt oder vermittelt an Kinder wenden, liegen auch für zwei Kampagnen positive Hinweise auf eine gegebene Wirksamkeit vor, so dass eine Mitarbeit in solchen Kampagnen fachlich durchaus anzuraten ist. Die hierbei in der Literatur verwendeten Evaluationsmaße (z. B. Anzahl Disclosure) sind jedoch aufgrund ihrer geringen

Grundraten nur für große Programme geeignet und können nicht in small-scale Kampagnen (z. B. in einer Schule) übertragen werden, so dass hier andere Evaluationsverfahren eingesetzt werden müssten.

Generell unbefriedigend ist der Stand der Evaluationsforschung im Hinblick auf eine Reihe weiterer Aspekte der Präventionsarbeit gegen sexuellen Missbrauch. Zu nennen wären hierbei (1) Maßnahmen mit Eltern bzw. pädagogischen Fachkräften, die diese zu einer eigenständigen Präventionsarbeit befähigen und sie in ihrer Verantwortlichkeit stärken sollen, sowie (2) kollaborative, aus mehreren Maßnahmen bestehende Projekte an bestimmen Modelleinrichtungen, Stadtteilen oder Gemeinden. Solche kollaborativen Projekte wurden in anderen Bereichen der Prävention relativ häufig beschrieben und ausgewertet (z. B. Mehrebenenprojekte gegen Gewalt an Schulen nach Olweus, Kombination und Koordination verschiedener Präventionsziele mit dem Ziel des Aufbaus einer „caring community"), so dass ihr vollständiges Fehlen in der Evaluationsliteratur über die Präventionsarbeit gegen sexuellen Missbrauch überrascht. Erste inhaltsbezogene Evaluationen in einem Praxisfeld durchzuführen erfordert in der Regel zunächst einiges an Entwicklungsarbeit. Dabei ist es zunächst wichtig, von globalen zu spezifischen, zielgruppen- und situationsangepassten Zielen zu gelangen (z. B. Konstruktion eines Handlungsschemas in Verdachtsfällen von sexuellem Missbrauch für Kindergartenleitungen) und festzustellen, an welchen Stellen bei der Zielgruppe hier Lernbedarf besteht. In dieser Phase der Evaluationsarbeit haben sich generell eher qualitative Verfahren (z. B. Focusgruppen: Morgan, 1996; Concept mapping: z. B. Campbell & Salem, 1999) als hilfreich erwiesen. In einem zweiten Schritt können dann zeitsparende quantitative Verfahren entwickelt werden.

Innovationsanalyse: Maßnahmen zur Förderung des Selbstwertgefühls von Mädchen und Jungen

Im vorangegangenen Abschnitt wurde festgestellt, dass das Ziel einer generellen Stärkung des kindlichen Selbstwertgefühls im Zuge der Ausbreitung einer kompetenzorientierten Empowerment-Perspektive erst relativ spät in die Zielvorstellungen vieler Präventionsprogramme gegen sexuellen Missbrauch aufgenommen wurde. Wie bereits Wurtele & Miller-Perrin (1992) feststellten, scheint eine nähere konzeptuelle Ausarbeitung und nachfolgende Evaluation von Präventionsstrategien, die auf eine Förderung des Selbstwertgefühls von Kindern abzielen, bislang jedoch unterblieben zu sein. Im Rahmen einer exemplarischen Innovationsanalyse sollen daher nachfolgend zwei Fragen beantwortet werden:

- Welche zentralen Erkenntnisse über Entwicklung und Determinanten des Selbstwertgefühls von Kindern liegen bislang vor?

- In welchen Handlungskontexten und mit welchem Ergebnis wurde bislang versucht, das Selbstwertgefühl von Kindern und Jugendlichen zu fördern?

Die Beantwortung dieser beiden Fragen führt nicht unmittelbar zu einem in der Präventionsarbeit gegen sexuellen Missbrauch anwendbaren Konzept zur Stärkung des Selbstwertgefühls von Kindern. Vielmehr werden die in anderen Handlungs- und Forschungsfeldern bereits gewonnenen Erkenntnisse zusammengetragen und damit innovativ wirkende Synergieeffekte ermöglicht, die es Fachkräften in der Präventionsarbeit gegen sexuellen Missbrauch dann erlauben sollen, für ihr Handlungsfeld Möglichkeiten und Grenzen einer Förderung des Selbstwertgefühls von Kindern besser einzuschätzen und eine fundierte Handlungsstrategie zu entwerfen.

Studien zum Selbstwertgefühl von Kindern zählen zunächst einmal zum umfangreichen Feld der Selbstkonzeptforschung, das sich durch eine große Anzahl an unterschiedlichen Begriffen, Definitionen und Theorien auszeichnet (für eine aktuelle Übersicht siehe Harter, 1999). Ein praktikables und weit verbreitetes Verständnis bezeichnet als „Selbstwertgefühl" die emotionale Seite der globalen Bewertung der eigenen Person und ihrer als zentral erlebten Merkmale, während der speziellere Begriff des „Selbstvertrauens" eher auf die globale Bewertung der eigenen Handlungsfähigkeit abzielt. Beide Aspekte des Selbst wurzeln nach gegenwärtigen theoretischen Vorstellungen und empirischen Befunden (z. B. Sroufe, 1990; August-Frenzel, 1993) in den Bindungsbeziehungen der frühen Kindheit und werden auch in der Kindheit und im Jugendalter noch wesentlich durch konkurrente Beziehungen mit Bindungspersonen (z. B. Cassidy, 1988; Kindler, 1990; Verschueren et al., 1996) oder als bedeutsam erlebten Personen aus dem sozialen Netzwerk (Harter, 1999) beeinflusst. Die Stärke des Zusammenhanges zwischen sozialer Unterstützung und dem Selbstwertgefühl erwies sich in verschiedenen Querschnitt- oder Kurzzeit-Längsschnittstudien als moderat bis stark, wobei deutlichere Effekte für die wahrgenommene, im Vergleich zur beobachtbaren sozialen Unterstützung gefunden wurden. Neben der erlebten Unterstützung durch

Andere wird auch dem unmittelbaren Erleben eigener Fähigkeiten und Handlungsergebnisse in Bereichen, die aufgrund persönlicher oder sozialer Umstände als bedeutsam eingeschätzt werden, ein wichtiger Einfluss auf das Selbstwertgefühl zugeschrieben (z. B. Bandura, 1997). Harter (1990) fand mit ihrer Forschungsgruppe hierzu etwa in verschiedenen Altersgruppen einen im Mittel starken Zusammenhang zwischen der wahrgenommenen Kompetenz in subjektiv oder sozial bedeutsamen Fähigkeits- bzw. Merkmalsbereichen und dem globalen Selbstwertgefühl sowie einen im Mittel schwachen Zusammenhang für die Kompetenz in Bereichen, die als weniger bedeutsam eingeschätzt wurden. Beide wichtigen Quellen des Selbstwertgefühls – soziale Beziehungen und wahrgenommene Kompetenz – wirken in ihrem Einfluss auf das Selbstwertgefühl auf vielfältige Art und Weise zusammen. Beschrieben wurden etwa additive Effekte, mit dem höchsten Selbstwertgefühl bei Kindern, die sowohl eine hohe Kompetenz in wichtigen Bereichen als auch soziale Unterstützung durch Bezugspersonen erleben (Harter, 1999). Bekannt sind aber auch sogenannte „paradoxe Effekte" ab der mittleren Kindheit (für eine Forschungsübersicht siehe Shell & Eisenberg, 1992), denen zufolge ein Lob, das in den Augen eines betroffenen Kindes in deutlichem Widerspruch zu seinen wahrgenommen Fähigkeiten oder Merkmalen steht, das Selbstwertgefühl vermindern kann, wenn dieses Lob als ungerechtfertigt und damit als Ausdruck einer niedrigen Fähigkeitserwartung bzw. einer Gleichgültigkeit der betreffenden Bezugsperson interpretiert wird.

Jenseits individueller Unterschiede im Selbstwertgefühl aufgrund der genannten Einflussfaktoren scheint das Selbstsystem von Kindern im Verlauf der Entwicklung auch regelhaft Veränderungen zu unterliegen, die eine durch das Alter und den Lebenslauf bedingte Erweiterung und Veränderung (z. B. Einschulung) des Lebensraumes, sowie wachsende kognitive Fähigkeiten spiegeln. Zu nennen sind hierbei insbesondere

–   der Aufbau einer zunehmend multidimensionalen, teilweise hierarchisch organisierten Struktur von Selbstrepräsentationen, in die das globale Selbstwertgefühl eingebettet ist (für eine Einführung siehe Epstein, 1979; für eine neuere empirische Arbeit siehe Marsh, Craven & Debus, 1998);

–   eine allmählich stärkere Übereinstimmung von Selbst- und Fremdeinschätzungen im Verlauf der Grundschuljahre (z. B. Marsh, Craven & Debus, 1998; Measelle, Ablow, Cowan & Cowan, 1998);

–   normative Veränderungen in der Bedeutung bestimmter wahrgenommener Fähigkeiten und Merkmale für das globale Selbstwertgefühl in Abhängigkeit von sozialen Veränderungen (z. B. Einschulung und Übergang in die Sekundarschule für den Bereich kognitiver Fähigkeiten, Übergang ins Jugendalter für die Bedeutung der wahrgenommenen Attraktivität für gegen- oder gleichgeschlechtliche Peers je nach sexueller Orientierung, vgl. Harter, 1999);

–   eine wachsende Autonomie bei der Auswahl besonders selbstwertrelevanter Bereiche und bei der Selektion von sozialen Einflüssen auf das Selbstwertgefühl im Jugend- und jungen Erwachsenenalter bei mindestens einem Teil der Altersgruppe (z. B. individuelle Entscheidung für eine höhere Bewertung sportlicher Leistungen im Vergleich zu anderen Schulnoten oder für eine stärkere Orientierung an gleichaltrigen Freunden im Vergleich zu Lehrkräften; Ryan & Deci, 2000).

Diese regelhaften Veränderungen haben für individuelle Unterschiede im Selbstwertgefühl und Selbstvertrauen vor allem drei wichtige Bedeutungen. Zum einen wird der Zusammenhang zwischen aktuellen Erfahrungen und dem Selbstwertgefühl komplexer, da (1) Erfahrungen tiefgehender analysiert werden können, (2) der Zusammenhang über mehr Ebenen des Selbstkonzeptes vermittelt werden muss und (3) neue Erfahrungen in eine zunehmend breitere, bereits bestehende Erfahrungsgrundlage integriert werden müssen. Als eine Folge dieser zunehmenden Komplexität scheinen positiv wie negativ getönte globale Selbstbewertungen mit zunehmendem Alter schwerer veränderbar. Zugleich wächst jedoch, zweitens, die prinzipielle Möglichkeit zu selbst-initiierten Veränderungen sowie die Möglichkeit, soziale Unterstützung außerhalb der Familie (z. B. durch eine Mentorin) für das eigene Selbstvertrauen zu nutzen. Drittens zeigen sich mit zunehmender Annäherung an das Erwachsenenalter Auswirkungen geschlechtshierarchischer Strukturen auf das globale Selbstwertgefühl und Selbstvertrauen in Abhängigkeit von der Geschlechtsrollenorientierung (für einen Überblick siehe Harter, 1999; für eine deutschsprachige Studie siehe Horstkemper, 1987). Auf einen besonderen Aspekt haben hierbei Gilligan und Kolleginnen (z. B. Brown & Gilligan, 1992) hingewiesen. Unter dem Begriff „loss of voice" beschrieben sie, dass im Jugendalter manche Mädchen die Äußerung und Vertretung eigener Gedanken und Interessen zugunsten der Erwartungen anderer zurückstellen und in der Folge die Verbindung zu ihren eigenen Gedanken und Empfindungen teilweise verlieren. Harter (1999) hat diese Analyse in den Bereich der

Untersuchungen über ein „falsches" Selbst eingeordnet und das Studium des Phänomens auf Kinder und Jugendliche beiderlei Geschlechtes ausgedehnt. Dabei trat ein beziehungs- und situationsübergreifender, additiver Einfluss der Geschlechtsrollenorientierung und der empfundenen sozialen Ermutigung zum Ausdruck eigener Empfindungen und Gedanken zu Tage, d. h. Jungen und Mädchen, die sich nicht an einem traditionellen Weiblichkeitsbild orientierten, und die sich dazu ermutigt fühlten, eigene Gedanken und Empfindungen auszudrücken, schienen in verschiedenen Situationen und Beziehungen besser dazu in der Lage, ihren eigenen Standpunkt zu vertreten.

Einem positiven Selbstwertgefühl und Selbstvertrauen wurde in der Forschung und Praxis immer wieder eine bedeutsame Rolle für eine gesunde Persönlichkeitsentwicklung und für eine kompetente Bewältigung von Entwicklungsanforderungen zugeschrieben (z. B. Mecca, Smelser & Vasconcellos, 1989; Stipek, Recchia & McClintic, 1992; Kagen, Moore & Bredenkamp, 1995). Tatsächlich handelt es sich hierbei überwiegend um eine Zuschreibung, denn eine kausal informative Forschung zur Bedeutung des Selbstwertgefühls und Selbstvertrauens für das Verhalten und den Entwicklungsverlauf liegt noch kaum vor (z. B. Harter, 1999; Covington, 2001). Die gegenwärtig besten Hinweise auf eine kausale Bedeutung kommen aus zwei Quellen: (1) Zum einen weisen einige Studien, die Querschnittsdaten mit Hilfe modellbildender statistischer Verfahren untersuchten, dem Selbstwertgefühl eine vermittelnde Rolle zwischen positiven oder negativen Umweltmerkmalen und Aspekten des Entwicklungsverlaufes zu (z. B. Harter, 1999). Würde sich dieser Befund bestätigen, wäre das Selbstwertgefühl vermutlich allgemein als gutes Ziel für Präventionsmaßnahmen anzusehen, da die Wirkung von Risikofaktoren auf diese Weise abgemildert werden könnte, während die Bedeutung von Schutzfaktoren gestärkt werden könnte. (2) Weiterhin konnte in einer Reihe von Interventionsstudien gezeigt werden, dass positive Veränderungen im Selbstwertgefühl im Mittel auch mit positiven Veränderungen in anderen Verhaltensbereichen einhergingen (für eine Übersicht siehe Haney & Durlak, 1998). Je stärker die Intervention auf eine Förderung des Selbstwertgefühls ausgerichtet war und je deutlicher positive Veränderung im Selbstwertgefühl erreicht werden konnten, desto stärker waren im Mittel auch die konstruktiven Veränderungen in anderen Bereichen des Verhaltens oder der Befindlichkeit. Auch diese Befunde müssen hinsichtlich einer prinzipiellen Eignung des Selbstwertgefühls als Ansatzpunkt für Präventionsmaßnahmen zuversichtlich stimmen.

Interventionen zur Förderung eines angemessenen Selbstwertgefühls und Selbstvertrauens bei Kindern oder Jugendlichen haben im wesentlichen zwischen zwei Vorgehensweisen ausgewählt oder beide Strategien miteinander kombiniert. Eine **fähigkeitsorientierte** Strategie zielt darauf ab, durch eine Vermittlung praktischer oder sozialer Fähigkeiten reale Grundlagen für ein positives Selbstwertgefühl zu schaffen. Eine **beziehungsorientierte** Strategie arbeitet darauf hin, das Ausmaß emotionaler Unterstützung durch bedeutsame Andere zu erhöhen bzw. hierfür günstige Umfeldbedingungen zu schaffen. Neben diesen beiden hauptsächlichen Vorgehensweisen wurden verschiedentlich **kognitive** Strategien angewandt, die auf eine realistischere Selbsteinschätzung und eine Korrektur überzogener Erwartungen an sich selbst abzielen. Als nicht besonders erfolgreich haben sich **appellative** Strategien erwiesen, die Kindern mittels direkter erzieherischer Botschaften ihre Einzigartigkeit und ihren Wert vor Augen zu führen versuchten (Harter, 1999). Innerhalb der beiden bedeutsamsten Vorgehensweisen (fähigkeits- und beziehungsorientierte Strategien) gibt es jeweils eine Vielzahl einzelner Methoden und Techniken. Im Fall einer fähigkeitsorientierten Strategie wurden etwa Intensivkurse zum Aufholen schulischer Leistungsrückstände oder zum Erwerb ungewöhnlicher physischer Fähigkeiten, die sich Kinder zunächst nicht zutrauen (z. B. bestimmte Kampfsporttechniken, bei denen ein Brett zerschlagen wird), eingesetzt. Ungewöhnliche physische Fähigkeiten bieten sich hierbei im Vergleich etwa zu einem Training ungewöhnlicher Rechenfähigkeiten als Ziel einer selbstwertfördernden fähigkeitsorientierten Intervention besonders an, weil das physische Selbstbild fast über die gesamte Kindheit und das Jugendalter hinweg einen im Mittel recht engen Bezug zum globalen Selbstwertgefühl aufweist. Andere Formen fähigkeitsorientierter Interventionen setzen bei solchen Fähigkeiten an, die notwendig sind um Freundschaften eingehen bzw. aufrechterhalten zu können und um Schwierigkeiten mit Gleichaltrigen und Autoritätspersonen lösen zu können. Der damit angesprochene Bereich der Maßnahmen zur Förderung der sozialen (für Einführungen siehe Waters & Sroufe, 1983; Raver & Zigler, 1997) oder emotionalen (für eine Einführung siehe Halberstadt, Denham & Dunsmore, 2001) Kompetenz hat in den vergangenen zehn Jahren einen wahren Boom erlebt (für Übersichten über belegbar erfolgreiche Programme siehe Consortium on the School-Based Promotion of Social Competence, 1994; Weissberg & Greenberg, 1998; Greenberg, Domitrovich & Bumbarger, 2000; für eine Meta-Analyse der Effekte siehe Beelman et al., 1994), und auch wenn viele der in diesem Feld erprobten Maßnahmen nicht ausdrücklich auf eine Förderung des globalen Selbstwertgefühls hin ausgerichtet sind, wird die förderliche Wirkung auf das Selbstwertgefühl von führenden Autorinnen im Feld gesehen (Harter, 1999; Halberstadt et al., 2001).

Im Rahmen beziehungsorientierter Strategien zur Förderung des Selbstwertgefühls wurden unter anderem Peer Tutoring Programme, Jugendgruppen und Mentoring Programme eingesetzt (für eine Übersicht siehe Bloom, 1996, Kap. 4). Speziell auf den Zusammenhang zwischen dem Vorhandensein einer erwachsenen Mentorin oder eines Mentoren und dem Selbstvertrauen von Kindern, die in der Ursprungsfamilie eher wenig Unterstützung erfahren konnten, geht Harter (1999) ein.

Nach einer Meta-Analyse von Haney & Durlak (1998) haben Maßnahmen zur Förderung des Selbstvertrauens und Selbstwertgefühls von Kindern bzw. Jugendlichen im Mittel einen geringen bis moderaten Effekt ($d=0{,}27$), wobei Kinder verschiedener Altersgruppen sowie Jungen und Mädchen prinzipiell gleichermaßen erreichbar erscheinen. Ermutigend ist zudem der Befund, dass Kinder, die mit sich selbst oder anderen Schwierigkeiten haben, von solchen Interventionen besonders zu profitieren scheinen. Deutliche Wirksamkeitsunterschiede zwischen den beiden hauptsächlichen Interventionsrichtungen (fähigkeits- vs. beziehungsorientiert) scheinen nach gegenwärtigem Wissensstand nicht zu bestehen, auch wenn verschiedene Autoren darauf hingewiesen haben, dass beziehungsorientierte Strategien immer auch die Realitätsangemessenheit des kindlichen Selbstbildes im Blick haben müssen, da ein von Außen gefördertes hohes, aber nicht realistisches Selbstvertrauen langfristig die Entwicklung eher behindern, denn unterstützen könne (z. B. Seligman, 1993).

Aus einer kritischen Bewertung des Forschungsstandes über Hintergründe und Interventionen zur Förderung des Selbstwertgefühls von Kindern lassen sich für das Feld der Prävention von sexuellem Missbrauch gegenwärtig mindestens drei allgemeine Folgerungen ziehen, die als Grundlage für eine noch ausstehende konzeptuelle Präzisierung und nachfolgende Evaluation entsprechender Bemühungen in diesem Praxiszusammenhang dienen können:

– Es existieren Anknüpfungspunkte in anderen Präventionsbereichen

– Besonders geeignet erscheinen Maßnahmen zur Förderung emotionaler und physischer Kompetenz sowie Mentoring-Programme

– Für die konkrete Umsetzung können teilweise bereits vorhandene Materialiensammlungen ausgewertet werden

Anknüpfungspunkte in anderen Präventionsbereichen

Das Selbstwertgefühl stellt ein globales Konstrukt dar, das aufgrund der ihm in der Gesellschaft entgegengebrachten Wertschätzung und weit gestreuter, empirisch belegter Zusammenhänge zu vielen Aspekten des sozialen Verhaltens, der Selbstregulation und der Befindlichkeit bereits zum Ziel vielfältiger Präventionsbemühungen geworden ist. Eine Einbeziehung der hierbei gewonnenen Erfahrungen in Konzepte zur Prävention von sexuellem Missbrauch stellt vielfältige Zusammenhänge zu anderen Bereichen der Prävention her und ermöglicht Synergien. Eine Berücksichtigung der Förderung des Selbstwertgefühls in den Zielvorstellungen von Programmen zur Prävention von sexuellem Missbrauch ist unter einer Empowerment-Perspektive nicht nur für universell ausgerichtete Programme, sondern gerade auch für selektiv orientierte Programme plausibel, da bekannte familienbezogene Risikofaktoren eines sexuellen Missbrauchs (z. B. emotional distanzierte Fürsorge durch Bezugspersonen, vgl. S. 19 ff. der Expertise) den Aufbau eines positiv-realistischen Selbstwertgefühls belegbar behindern. Gleichwohl ist darauf hinzuweisen, dass das Selbstwertgefühl ein multidimensionales Konstrukt darstellt, das in der Literatur aber vielfach allzu sehr auf den Aspekt der Valenz, also der Höhe des Selbstwertgefühls, verengt wird. Andere Aspekte des Selbstwertgefühls, wie etwa Realitätsangemessenheit, Kohärenz und Stabilität (z. B. Cassidy, 1988; Baumeister, 1993), erfahren vergleichsweise wenig Beachtung. Werden diese Seiten aber allzu sehr vernachlässigt, so verliert ein auf das Selbstwertgefühl bezogener Ansatz viel von seiner Nützlichkeit, da etwa ein nicht realitätsangemessen hohes Selbstwertgefühl aufgrund einer Neigung zur Unterschätzung von Gefahren unter Umständen auch einen Risikofaktor für sexuelle Missbrauchserfahrungen darstellen kann. Wichtig ist für das Feld der Prävention von sexuellem Missbrauch daher die Festlegung auf die kombinierte Zielvorstellung eines positiven und realitätsangemessenen Selbstwertgefühls.

Emotionale und physische Kompetenz fördern

Für den Versuch einer Förderung des Selbstwertgefühls von Kindern im Kontext der Prävention von sexuellem Missbrauch scheinen bestimmte der in anderen Präventionsprogrammen erprobten Handlungsformen von besonderem Interesse, da sie eine Nähe zu weiteren, bereits länger etablierten Zielen im Feld der Prävention von sexuellem Missbrauch aufweisen. Dies betrifft beispielsweise im Hinblick auf fähigkeitsorientierte Strategien die Fähigkeit zur Wahrnehmung und Mitteilung eigener Gefühle (für eine Einführung siehe Saarni, 1990; für eine aktuelle Übersicht siehe Raver, 2002). Diese wichtige soziale Fähigkeit kann nicht nur über eine Begünstigung positiver sozialer Beziehungen den Aufbau eines positiv-realistischen Selbstwertgefühls fördern, sondern steht auch in Zusammenhang zu einer sensiblen Wahrnehmung von Gefahren, der Bereitschaft zum Disclosure und der Fähigkeit zur sozialen Selbstbehauptung (z. B. Englander-Golden, 1989). Positive Auswirkungen der nunmehr im Bereich der Prävention von sexuellem Missbrauch häufiger vorkommenden Trainings zur körperlichen Selbstverteidigung auf das Selbstvertrauen sind ebenfalls zu erwarten, zugleich ist in diesem Bereich aufgrund der Größenunterschiede zwischen Kindern und Erwachsenen und der Gefahr einer aggressiven Eskalation sehr genau darauf zu achten, dass Kindern kein falsches Selbstvertrauen vermittelt wird. Im Bereich der beziehungsorientierten Strategien scheinen aufgrund ihrer sehr breit gestreuten positiven Wirkungen Mentoring-Programme sehr vielversprechend (für eine Forschungsübersicht siehe Jekielek et al., 2002; für eine aktuelle Forschungsarbeit zur längsschnittlichen Bedeutung der Beziehung zu Fachkräften im Kindergarten siehe Pianta & Hamre, 2001). Da alle Mentoring-Programme auf einem (zeitweise) intensiven persönlichen Kontakt aufbauen, sind sie allerdings relativ aufwändig.

Vorhandene Materialiensammlungen auswerten und einsetzen

Ist eine Auswahl über einzelne Ziele und Form eines Programms zur Förderung von Selbstvertrauen und Selbstwertgefühl gefallen, so kann bei der Planung des konkreten Vorgehens auf Materialien und Erfahrungen aus einem großen Pool veröffentlichter Dokumentationen von Maßnahmen aus anderen Feldern der Prävention zurückgegriffen werden. Die Sichtung und Auswahl ist jedoch etwas mühsam, da praktisch orientierte Übersichten und Materialsammlungen fehlen. Ein guter Wegweiser zur Beschaffung interessanter Materialien findet sich in der Broschüre „Safe and Sound. An Educational Leader's Guide to Evidence-Based Social and

Emotional Learing Programs". In der Broschüre, die vom Netzwerk „The Collaborative for Academic, Social and Emotional Learning" unter der Leitung von Roger Weissberg herausgegeben wurde, findet sich eine Zusammenstellung belegbar wirksamer Programme zur Förderung des sozialen und emotionalen Lernens zusammen mit einer Aufstellung der von jedem Programm abgedeckten Bereiche, so dass für die Förderung des Selbstvertrauens relevante Programme leicht erkannt und kontaktiert werden können. Eine ähnliche Aufstellung für den europäischen Raum wurde vom „Promoting Social Competence Project" an der schottischen Universität Dundee vorgelegt (Topping & Holmes, 1998). Für die Bewertung des Erfolges von Maßnahmen zur Förderung eines angemessenen Selbstvertrauens liegen unter anderem zwei Skalen aus der Forschungsgruppe von Susan Harter vor, die eine strukturierte Einschätzung beobachtbarer Anzeichen des Selbstwertgefühls bei Kindergarten- und Grundschulkindern ermöglichen (Harter & Pike, 1984; Haltiwanger & Harter, 1994).

III Zusammenfassung

Prävention von sexuellem Missbrauch kann als integraler Bestandteil eines übergeordneten Handlungsfeldes der Prävention betrachtet und sinnvoll mit den Mitteln einer sich herausbildenden Präventionswissenschaft untersucht und unterstützt werden. Um für Präventionsangebote bedeutsame Informationen über Risiko- und Schutzmechanismen zu gewinnen, ist es aus Sicht einer als „prevention-science-Ansatz" bezeichneten Herangehensweise sinnvoll, zum einen die relevante Grundlagenforschung zur Genese, Dynamik, Beendigung oder Abwehr von Missbrauchsereignissen sowie zum anderen die Korrelate unterschiedlicher Prävalenzraten von sexuellem Missbrauch in verschiedenen Gruppen heranzuziehen. Theoretisch und empirisch gut abgesicherte Präventionskonzepte scheinen generell größere Effekte zu bewirken. Deshalb sollte sinnvollerweise vor einer Synthese der Befunde zur Wirksamkeit gegenwärtiger Präventionskonzepte eine Bewertung der Passung zwischen Forschungsbefunden zu relevanten Risiko- bzw. Schutzmechanismen und vorhandenen Präventionskonzepten erfolgen. Durch ein Aufzeigen von – aus Sicht der Grundlagenforschung – noch nicht genutzten Ansatzpunkten für Präventionsmaßnahmen, können von vornherein vorhandene Spielräume für Verbesserungen der Wirksamkeit deutlich gemacht werden, wie im Folgenden zusammengefasst wird.

Die für Präventionsansätze bedeutsamen Ausschnitte der Grundlagenforschung zum sexuellen Missbrauch von Kindern zeichnen sich durch eine rasche Zunahme des verfügbaren Wissens aus, trotz noch immer vorhandener Forschungslücken und teilweise bestehender, methodisch bedingter Unsicherheiten.

Es handelt sich dabei um:

– Längsschnittstudien zu Risikofaktoren einer sexuellen Viktimisierung im Kindesalter

– Längsschnittstudien zu Risikofaktoren einer späteren Ausübung sexueller Gewalt gegen Kinder

– Analysen zur Genese und dem Ablauf vollendeter oder abgewehrter sexueller Übergriffe gegen Kinder

– Analysen zum Verlauf von Disclosureprozessen

–   Untersuchungen zu sozialen und kulturellen Korrelaten von Unterschieden in der Prävalenz von sexuellem Missbrauch

Seit 1995 wurden international doppelt so viele relevante Einzeluntersuchungen und Übersichtsarbeiten publiziert wie im gesamten Zeitraum davor. Dies führt verständlicherweise zu Rezeptionsproblemen in der Präventionspraxis. Zwar können sich die in der Praxis verbreiteten universellen, überwiegend direkt oder vermittelt an Kinder gerichteten Präventionsprogramme auf eine gesicherte Wissensbasis zur Verbreitung und den Folgen sexueller Missbrauchserfahrungen stützen. Auch werden in der Regel Informationen zu den am häufigsten vorkommenden Verläufen bei der Genese von Missbrauchssituationen, zu einigen kind- und familienbezogenen Risikofaktoren einer Viktimisierung und zur generellen Schwierigkeit von Disclosure sowie teilweise zu ungünstigen kulturellen und gesellschaftlichen Rahmenbedingungen als Grundlage herangezogen. Die in der veröffentlichten Literatur starke Konzentration von Präventionskonzepten auf die direkte Arbeit mit Kindern lässt jedoch vermuten, dass die Begrenztheit eines solchen Ansatzes noch nicht allgemein erkannt worden ist. Die Begrenztheit ergibt sich aus dem, Missbrauchssituationen innenwohnenden, manifesten oder latenten Zwang und der Komplexität und Vielfalt solcher Situationen, die die Abwehrfähigkeit von Kindern schnell übersteigen sowie aus dem Umstand, dass eine Reihe relevanter Risiko- und Schutzfaktoren (z. B. Partnerschaftsgewalt in der Familie, Einleitung von Behandlungsmaßnahmen bei sich abzeichnenden sexuell aggressiven Verhaltensmustern, positiver wie negativer Responsivität von Bezugspersonen gegenüber Warnhinweisen, proaktiver Thematisierung von sexuellem Missbrauch) dem Einfluss von Kindern generell entzogen sind und in der Verantwortung von Erwachsenen stehen. Eine zweite Begrenztheit gegenwärtiger Präventionspraxis ergibt sich aus dem Befund, dass mittlerweile aus Sicht der Grundlagenforschung gut begründbare selektive Präventionskonzepte für bestimmte, besonders gefährdete Gruppen von Kindern noch weitgehend zu fehlen scheinen. Solche Präventionskonzepte könnten sich etwa an emotional vernachlässigte Kinder, Kinder mit Viktimisierungserfahrungen oder Kinder, die Partnerschaftsgewalt erleben mussten, bzw. an ihre Bezugspersonen und BetreuerInnen richten. Fortschritte scheinen sich allenfalls bei spezifischen Präventionsmaßnahmen für Kinder mit Behinderung, Kinder bzw. Jugendliche mit sexuell aggressiven Verhaltensmustern und punktuell im interkulturellen Bereich abzuzeichnen. Die eingeschränkte Passung zwischen Ansatzpunkten für Präventionsmaßnahmen, die aus der Sicht der Grundlagenforschung erkennbar sind einerseits, und andererseits Ansatzpunkten von tatsächlich umgesetzten und verbreiteten Präventionskonzepten, soweit diese veröffentlicht und damit bekannt sind, hat zur Folge, dass für eine Reihe prinzipiell vielversprechender Präventionsmaßnahmen noch kaum aussagekräftige Evaluationen der Wirksamkeit vorliegen: z. B. für Maßnahmen, die darauf abzielen Eltern, Fachkräfte oder ganze Einrichtungen zu einer eigenständigen Präventionsarbeit zu befähigen und in ihrer Verantwortlichkeit zu bestärken. Zum anderen lässt dies aber auch auf eine Weiterentwicklung des Feldes und eine daran anschließende weitere Verbesserung der Wirksamkeit hoffen.

Eine Weiterentwicklung **kindbezogener** Präventionskonzepte ist zwar zweifellos möglich und notwendig, kann aber bereits jetzt schon positiv von einem aus Sicht der Wirksamkeitsforschung begründeten Vertrauen in den Nutzen bisheriger Präventionsprogramme mit Kindern aus erfolgen, da bei Einhaltung einiger Anforderungen an die Qualität solcher Programme (etwa im Hinblick auf die Dauer des Programms, die kindgerechte Aufbereitung der Inhalte, vorhandene Beteiligungsmöglichkeiten für Kinder und den Einbezug des Elternhauses) in mehreren Forschungsschritten Effekte bis hin zu kindlichen Verhaltensweisen im Umgang mit realen Bedrohungssituationen und tatsächlich erfolgten Viktimisierungen belegt werden konnten. In einem ersten Forschungsschritt wurde hierbei in einer Vielzahl von Untersuchungen ein, mittlerweile auch metaanalytisch abgesicherter, Zuwachs an Verständnis und wahrgenommener Handlungssicherheit bei teilnehmenden Kindern, die die angebotenen Programme zudem überwiegend auch als innerlich engagierend und insgesamt positiv erlebten, festgestellt. In weiteren Schritten wurde in einer deutlich geringeren Anzahl von Untersuchungen gezeigt, dass Präventionsprogramme dazu beitragen können, im Kreis der teilnehmenden Kinder real bereits bestehende Missbrauchsbeziehungen zu beenden und in simulierten Hochrisikosituationen Veränderungen im kindlichen Verhalten herbeizuführen. Schließlich wurde in zwei größeren retrospektiven Befragungen gezeigt, dass die Teilnahme an einem Präventionsprogramm auch über längere Zeit hinweg mit Unterschieden in der Viktimisierungsrate, im Abwehrverhalten, der Disclosure-Bereitschaft und der empfundenen Fähigkeit zum Selbstschutz einherging. Fehlende Erfolge im Hinblick auf die Fähigkeit von Kindern, Übergriffe in Missbrauchsituationen tatsächlich abzuwehren und Verletzungen zu entgehen, weisen aber, ebenso wie die begrenzte Stärke der gefundenen Effekte, auf **Grenzen** eines überwiegend **auf die Arbeit mit Kindern** hin ausgerichteten Präventionsansatzes hin.

Obwohl eine Verbesserung der Körperwahrnehmung und Förderung des generellen Selbstvertrauens von Kindern mit dem Aufkommen einer stärker kompetenzorientierten Strömung im Gesamtfeld der Prävention Eingang in die Zielvorstellungen vieler Präventionsprogramme gegen sexuellen Missbrauch gefunden hat, fanden sich hierzu kaum Wirksamkeitsevaluationen, auch wenn vielversprechende Ansatzpunkte gegeben sind. Möglicherweise lässt sich dies auf eine noch unzureichende konzeptuelle Ausarbeitung von Handlungsstrategien, die sich auf diese beiden Punkte beziehen, zurückführen. Im Rahmen eines, als Innovationsanalyse bezeichneten Bausteins im methodischen Handeln der Präventionswissenschaft wurde daher am Beispiel von Maßnahmen zur Förderung des Selbstwertgefühls exemplarisch gezeigt, welche Bestände an Grundlagen- und Veränderungswissen in anderen Forschungs- und Handlungsfeldern zu diesem Thema bereits gewonnen und im Bereich der Prävention gegen sexuellen Missbrauch nutzbar gemacht werden können, wie beispielsweise die Berücksichtigung einer Empowerment-Perspektive oder der Einsatz von Mentoring-Programmen.

Zum Abschluss soll noch einmal betont werden, dass die Wahrscheinlichkeit der Wirksamkeit von Präventionsmaßnahmen sich durch folgende Gegebenheiten erhöht:

–   durch eine theoretische und empirische Absicherung der Ansätze, d. h. eine Verzahnung von Grundlagenforschung und in der Praxis umgesetzten Konzepten.

    Dazu ist es nötig in Kontakt zu kommen: PraktikerInnen müssen auf ForscherInnen zugehen und Fragen und Lücken aufzeigen. Sie müssen die Bereitschaft aufbringen, ihre Ansätze theoretisch und empirisch absichern zu lassen. ForscherInnen müssen das Interesse haben, diese Impulse aufzunehmen und die Ergebnisse verständlich zu transportieren.

–   durch eine Ausrichtung der Präventionsmaßnahmen auf bereits identifizierte Schutz- und Risikofaktoren.

    Dazu ist es nötig, sich vertieft in diese Gebiete einzuarbeiten und Schlussfolgerungen sorgfältig auf Konzepte zu übertragen. Diese Expertise liefert erste Ansätze dazu.

–   durch Ansätze, die gleichzeitig an mehreren auf der Grundlage von Forschungsergebnissen ausgewählten Punkten ansetzen und sich nicht nur auf einen oder wenige beschränken.

Dazu ist es nötig, die Idee eines „Königswegs" der Prävention aufzugeben und der Vielfalt Platz zu machen: Arbeit mit Bezugspersonen, mit Kindern, mit ganzen Institutionen, opfer- und täterpräventive Ansätze, rückfallpräventive Ansätze und öffentlichkeitswirksame Aktionen dürfen nicht in Konkurrenz zueinander stehen, sondern müssen parallel und mit gleicher Sorgfalt entwickelt werden.

IV Glossar

Case tracking

In einer „case tracking-Studie" wird der Weg einer identifizierten Gruppe von „Fällen", also beispielsweise Menschen, die ein bestimmtes Erlebnis machen mussten oder die eine bestimmte Krankheit entwickelt haben, durch ein bestimmtes System, beispielsweise das Gesundheits- oder Sozialsystem, beschrieben. Wichtige Fragen können dabei sein: Wer wird zuerst kontaktiert? Welche Kontakte folgen? Wer verweist an wen? Wie lange dauert es, bis effektive Hilfe erfolgt?

Cohens „d"

Maß für die Stärke des statistischen Effektes einer oder mehrerer unabhängiger Variablen auf eine abhängige Variable. Im Unterschied zur Signifikanz (Absicherung gegenüber dem Zufall) ist die Effektstärke unabhängig von der Stichprobengröße und wird daher zum Vergleich und zur Zusammenfassung von Forschungsbefunden verwendet.

Disclosure

Der teilweise kompliziert und schrittweise verlaufende Prozess des erstmaligen Mitteilens von Missbrauchserfahrungen durch ein betroffenes Kind gegenüber einer oder einer Abfolge mehrerer, am Missbrauch nicht unmittelbar beteiligter Personen, mit oder ohne äußere Anstöße bzw. Hilfen und in oder außerhalb juristischer Kontexte.

Dissemination

Der Begriff stammt aus der Medizin und bezeichnete dort den Prozess der Verbreitung von Krankheitserregern im Körper. In einer etwas merkwürdigen Analogie wird er mittlerweile verwendet, um die Verbreitung von Forschungsbefunden in der Gesellschaft und Fachöffentlichkeit zu bezeichnen.

Epidemiologie

Wissenschaft von der Verteilung gesundheitsrelevanter Zustände und Ereignisse in der Bevölkerung oder in bestimmten Bevölkerungsgruppen und die Anwendung solchen Wissens zur Kontrolle und Abwehr von Gefahren für das Wohlergehen und die Gesundheit von Menschen.

generative Analyse

Im Rahmen der generativen Analyse wird anhand der zu einem Problembereich vorliegenden Grundlagenforschung ein Modell der Entstehung und Verteilung der interessierenden Problemverhaltensweisen oder –ereignisse erstellt. Dieses Modell wird auf Ansatzpunkte für präventive Maßnahmen in Form einer Beschreibung von Risiko- und Schutzmechanismen hin abgeklopft.

Groomingprozess

Bezeichnet die vorbereitenden Handlungen eines Täters, der sich auf die Beziehungsgestaltung zum (potenziellen) Opfer bezieht.

ideosynkratisch oder idiosynkratisch

Besondere, einzigartige Merkmale oder Reaktionsweisen einer Person.

Längsschnittuntersuchung

Untersuchung, in der bestimmte Personen oder Prozesse über einen bestimmten Zeitraum hinweg wissenschaftlich begleitet werden. Wissenschaftliche Vorteile einer solchen Form der Untersuchung liegen unter anderem darin, dass sie eine zeitliche Ordnung von möglichen Ursachen und möglichen Folgen erlauben, und damit Risikofaktoren ohne Kenntnis späterer Folgen, und daher oft objektiver erhoben werden können.

Meta-Analyse

Form der systematischen Sekundäranalyse und quantitativen Zusammenfassung vorhandener empirischer Befunde zu einer Forschungsfrage, die eine Abschätzung der Stärke des im Mittel beobachteten Effektes, sowie relevanter Einflussfaktoren (Moderatoren) erlaubt.

Modalwert (Adjektiv: modal)

Die am häufigsten auftretende Kategorie oder der am häufigsten auftretende Wert bei einer bestimmten Variable bei einer bestimmten Messung im Rahmen einer Untersuchung. Wird beispielsweise in einer Studie untersucht, welche von fünf vorab definierten Vorgehensweisen am häufigsten von sexuellen Missbrauchern verwendet wird, so stellt diese Strategie, die modale Strategie dar. Obwohl dies bei der Identifikation des Modalwertes keine Rolle spielt, hängt sein Informationswert stark davon ab, wie groß der Abstand zur Häufigkeit der anderen untersuchten Kategorien oder Merkmalsausprägungen ist. Wird im Beispiel etwa die modale Strategie von 80 Prozent der Missbraucher verwendet, so lässt sich daraus für eine Präventionsstrategie mehr ableiten, als wenn die modale Strategie nur von 25 Prozent der Missbraucher, andere Strategien aber von bis zu 20 Prozent verwendet werden.

Odds Ratio

Maß für die Stärke eines statistischen Effektes, das angibt, um welchen Faktor ein bestimmtes Ergebnis (z. B. „ein Kind macht im Verlauf der Kindheit mindestens eine Missbrauchserfahrung") wahrscheinlicher ist, wenn eine Vorhersagevariable eine bestimmte Ausprägung (z. B. Kind ist ein Mädchen) im Vergleich zu einer anderen Ausprägung (z. B. Kind ist ein Junge) aufweist.

Prädiktor

Faktor, der statistisch ein bestimmtes Merkmal oder Ereignis in einer Untersuchungsgruppe mit einer bestimmten Güte vorhersagen kann.

proximal – distal

Nah versus fern. Beide Begriffe stammen aus der Topografie und werden im übertragenen Sinne zur näheren Charakterisierung von Einflussfaktoren verwendet, wobei distale Faktoren ihren Einfluss nur über „Nahfaktoren" (proximale Faktoren), die die interessierenden Prozesse unmittelbar beeinflussen, entfalten können.

Risikofaktor

Vorhersagefaktor, der unabhängig von seiner kausalen Rolle im Geschehen, statistisch überzufällig häufig mit dem späteren Auftreten eines Ereignisses oder Merkmals einhergeht.

Risikomechanismus

Beschreibbarer kausaler Prozess zwischen bestimmten Risikofaktoren und dem späteren Auftreten bestimmter Merkmale oder Ereignisse.

Validität

Bezeichnet als Teil der Messtheorie die Aussagekraft eines Ergebnisses für eine bestimmte Frage oder einen bestimmten Zweck. Der Begriff lässt sich sowohl auf wissenschaftliche Untersuchungen als auch auf diagnostische Befunde anwenden. Auf der Grundlage vorliegender Systematisierungen von Faktoren, die die Validität bedrohen können, lassen sich mehrere, je nach Denkschule leicht verschiedene Aspekte der Validität unterscheiden.

V   Angegebene Literatur

Albee G.W. (1996). Revolutions and Counterrevolutions in Prevention. *American Psychologist, 51*, 1130–1133.

Albee G.W. & Gullotta T.P. (1997). *Primary prevention works: Issues in children´s and families´lives, Vol. 6.* Thousand Oaks: Sage.

Alexander M.A. (1999). Sexual Offender Treatment Efficacy Revisited. *Sexual Abuse: A Journal of Research and Treatment, 11*, 101–116.

Amann G. & Wipplinger R. (1997). Prävention von sexuellem Mißbrauch – Ein Überblick. In G. Amann & R. Wipplinger (Hrsg.), *Sexueller Missbrauch: Überblick zu Forschung, Beratung und Therapie: Ein Handbuch*. Tübingen: DGVT-Verlag, 655–678.

Amann G. & Wipplinger R. (1997). *Sexueller Missbrauch: Überblick zu Forschung, Beratung und Therapie: Ein Handbuch*. Tübingen: DGVT-Verlag.

AMYNA e. V. (1998). *Dokumentation „Nein ist Nein". Ausstellung und Rahmenprogramm zur Prävention von sexueller Gewalt*. Herausgegeben von Amyna e.V., Frauennotruf und IMMA e.V., München

AMYNA e.V. (1999). *„Die leg' ich flach!" Bausteine zur Täterprävention*. München.

Araji S.K. (1997). *Sexually Aggressive Children. Coming to Understand Them*. London: Sage.

Araji S.K., Fenton F. & Staugh T. (1995). Child Sexual Abuse: Description and Evaluation of a K-6 Prevention Curriculum. *Journal of Primary Prevention, 16*, 149–164.

Asidigian N. & Finkelhor D. (1995). What works for children in resisting assaults? *Journal of interpersonal violence, 10*, 402–419.

August-Frenzel P. (1993). *Selbstbewertungen von Vätern, Müttern und ihren achtjährigen Kindern im Kontext ihrer Bindungserfahrungen*. Dissertation, Universität Regensburg.

Bandura A. (1997). *Self-Efficacy. The Exercise of Control*. New York: Freeman.

Bange D. (2002). Prävention mit Kindern. In D. Bange & W. Körner (Hrsg.), *Handwörterbuch „Sexueller Missbrauch"*. Göttingen: Hogrefe Verlag, 447–455.

Bange D. & Deegener G. (1996). *Sexueller Missbrauch an Kindern*. Weinheim: Psychologie Verlags Union.

Barbaree H.E. (1997). Evaluating treatment efficacy with sexual offenders: The insensitivity of recidivism studies to treatment effects. *Sexual Abuse: A Journal of Research and Treatment, 9*, 215–222.

Baumeister R. (1993). Understanding the inner nature of low self-esteem: Uncertain, fragile, protective, and conflicted. In R. Baumeister (Ed.), *Self-esteem: The puzzle of low self regard*. New York: Plenum Press, 201–218.

Baumert J. (2001). *PISA 2000. Basiskompetenzen von Schülerinnen und Schülern im internationalen Vergleich*. Opladen: Leske + Budrich.

Beelmann A., Pfingsten U. & Lösel F. (1994). Effects of Training Social Competence in Children: A Meta-Analysis of Recent Evaluation Studies. *Journal of Clinical Child Psychology, 23*, 260–271.

Berliner L. & Conte J.R. (1990). The Process of Victimization: The Victims Perspective. *Child Abuse & Neglect, 14*, 29–40.

Berner W. (1998). Prädiktoren des Therapieerfolges bei sexueller Delinquenz. *Persönlichkeitsstörungen, 1*, 50–56.

Berrick J. (1988). Parental involvement in child abuse prevention training: What do they learn? *Child Abuse & Neglect, 12*, 543–553.

Black D.A., Heyman R.E. & Smith-Slep A.M.(2001). Risk factors for child sexual abuse. *Aggression and Violent Behavior, 6*, 203–229.

Bloom M. (1996). *Primary Prevention Practices*. Thousand Oaks: Sage.

Boney-McCoy S. & Finkelhor D. (1995). Prior Victimization: A Risk Factor for Child sexual Abuse and for PTSD-Related Symptomatology Among Sexually Abused Youth. *Child Abuse & Neglect, 19*, 1401–1421.

Borum R. (1996). Improving the clinical practice of violence risk assessment. *American Psychologist, 51*, 945–956.

Briggs F. & Hawkins, R. (1996). A comparison of the childhood experiences of convicted male child molesters and men who were sexuelly abused in childhood and claimed to be nonoffenders. *Child Abuse & Neglect, 20*, 221–233.

Brockhaus U. & Kolshorn M. (1993). *Sexuelle Gewalt gegen Mädchen und Jungen. Mythen, Fakten, Theorien*. Frankfurt a. Main: Campus.

Brown L.M. & Gilligan C. (1992). *Meeting at the Crossroads*. Cambridge and London: Harvard University Press.

Budin L.E. & Johnson C.F. (1989). Sex Abuse Prevention Programs: Offenders' Attitudes about Their Efficacy. *Child Abuse & Neglect, 13*, 77–87.

Bullens R. (1995). Der Grooming Prozeß – oder das Planen des Mißbrauchs. In B. Marquart-Mau (Hrsg.), *Schulische Prävention gegen sexuelle Kindesmißhandlung*. Weinheim und München: Juventa, 55–67.

Burton D.L. (2000). Were Adolescent Sexual Offenders Children with Sexual Behavior Problems? *Sexual Abuse: A Journal of Research and Treatment, 12,* 37–48.

Campbell R. & Salem D. (1999). Concept mapping as a feminist research method: Examining the community response to rape. *Psychology of Women Quarterly, 23,* 67–91.

Cantlon J., Payne G. & Erbaugh C. (1996). Outcome –Based Practice: Disclosure rates of Child Sexual Abuse Comparing Allegation Blind and Allegation Informed Sturctured Interviews. *Child Abuse & Neglect, 20,* 1113–1120.

Caplan G. (1961). *Prevention of mental disorders in children*. New York: Basic Books.

Cassidy J. (1988). Child-Mother attachment and the self in six-year-olds. *Child Development, 59,* 121–134.

Ceci S.J. & Bruck M. (1995). *Jeopardy in the courtroom*. Washington: APA.

Chasan-Taber L. & Tabachnick J. (1999). Evaluation of a Child Sexual Abuse Prevention Program. *Sexual Abuse: A Journal of Research and Treatment, 11,* 279–292.

Cicchetti D. & Toth S.L. (1997*). Developmental Perspectives on Trauma. Rochester Symposium on Developmental Psychopathology, Vol. 8,* Rochester: University of Rochester Press.

Coie J., Watt N., West S., Hawkins D., Asarnow J., Markman H., Ramey S., Shure M. & Long B. (1993). The Science of Prevention. A Conceptual Framework and Some Directions for a National Program. *American Psychologist, 48,* 1013–1022.

Consortium on the School-Based Promotion of Social Competence (1994). The school-based promotion of social competence: Theory, research, practice, and policy. In R.J. Haggerty, L.R. Sherrod, N. Gramezy & Rutter M. (Eds.), *Stress, risk, and resilience in children and adolescents. Processes, mechanisms, and interventions.* Cambridge: Cambridge University Press, 268–316.

Conte J.R. (1994). Child Sexual Abuse: Awareness and Backlash. *The Future of Children, 4,* 224–232.

Conte J.R., Wolf S. & Smith T. (1989). What Sexual Offenders Tell us about Prevention Strategies. *Child Abuse & Neglect, 13,* 293–301.

Covington M.V. (2001). The Science and Politics of Self-Esteem: Schools Caught in the Middle. In T.J. Owens, S. Stryker & N. Goodman (Eds.), *Extending Self-Esteem Theory and Research*. Cambridge: Cambridge University Press, 351–374.

Dallam S.J., Gleaves D. H., Cepeda-Benito A., Silberg J., Kraemer H. & Spiegel D. (2001). The Effects of Child Sexual Abuse: Comment on Rind, Tromovitch, and Bauserman (1998). *Psychological Bulletin, 127*, 715–733.

Daro D. (1994). Prevention of Child Sexual Abuse. *The Future of Children, 4*, 198–223.

Daro D. & Donnelly A.C. (2002). Charting the waves of prevention: two steps forward, one step back. *Child Abuse & Neglect, 26*, 731–742.

Davis M.K. & Gidycz C.A. (2000). Child Sexual Abuse Prevention Programs: A Meta-Analysis. *Journal of Clinical Child Psychology, 29*, 257–265.

Deegener G. (1998). Sexuelle Aggression im Kindes- und Jugendalter: Ursachen, Diagnostik und Therapie. *Kriminalpädagogik, 26*, 42–53.

Deegener G. (1995). *Sexueller Mißbrauch: Die Täter*. Weinheim: PVU.

DeVoe E.R. & Faller K.C. (2002). Questioning strategies in interviews with children who may have been sexually abused. *Child Welfare, 81*, 5–31.

Durlak J.A. & Wells A.M. (1997). Primary Prevention Mental Health Programs for Children and Adolescents: A Meta-Analytic Review. *American Journal of Community Psychology, 25*, 115–152.

Durlak J.A. & Lipsey M.W. (1991). A Practitioner's Guide to Meta-Analysis. *American Journal of Community Psychology, 19*, 291–332.

Eichhorst W., Profit S. & Thode E. (2001). *Benchmarking Deutschland – Arbeitsmarkt und Beschäftigung. Bericht der Arbeitsgruppe Benchmarking und der Bertelsmann Stiftung*. Berlin: Springer.

Elliott M., Browne K. & Kilcoyne J. (1995). Child Sexual Abuse Prevention: What Offenders Tell us. *Child Abuse & Neglect, 19*, 579–594.

Elliott A. & Carnes C. (2001). Reactions of Nonoffending Parents to the Sexual Abuse of Their Child: A Review of the Literature. *Child Maltreatment, 6*, 314–331.

Englander-Golden P., Jackson J.E., Crane K., Schwarzkopf A.B. & Lyle P. (1989). Communication Skills and Self-Esteeem in Prevention of Destructive Behavior. *Adolescence, 24*, 481–502.

Epstein S. (1979). Entwurf einer integrierten Persönlichkeitstheorie. In S.H. Fillip (Hrsg.) *Selbstkonzeptforschung*. Stuttgart, Klett-Cotta, 15–46.

Fegert J.M., Berger C., Klopfer U., Lehmkuhl U. & Lehmkuhl G. (2001). *Umgang mit sexuellem Missbrauch. Institutionelle und individuelle Reaktionen.* Münster: Votum.

Feingold A. (1992). Sex Differences in Variability in Intellectual Abilities: A new Look at an Old Controversy. *Review of Educational Research, 62,* 61–84.

Fergusson D.M., Lynskey M.T & Horwood J.L. (1996). Childhood Sexual Abuse and Psychiatric Disorder in Young Adulthood: I. Prevalence of Sexual Abuse and Factors Associated with Sexual Abuse. *Journal of the American Academy for Child and Adolescent Psychiatry, 34,* 1355–1364.

Finkelhor D. (1979). *Sexually victimized children.* New York: Free Press.

Finkelhor D., Asdigian N. & Dziuba-Leatherman J. (1995a). The Effectiveness of Victimization Prevention Instruction: An Evaluation of Children's Responses to Actual Threats ans Assaults. *Child Abuse & Neglect, 19,* 141–153.

Finkelhor D., Asdigian N. & Dziuba-Leatherman J. (1995b). *America Journal of Public Health, 85,* 1684–1689.

Finkelhor D. & Dziuba-Leatherman J. (1995). Victimization prevention programs: A national survey of children's exposure and reactions. *Child Abuse & Neglect, 19,* 129–139.

Fleiss J.L. (1994). Measures of Effect Size for Categorical Data. In H. Cooper & Hedges L.V. (Eds.), *The Handbook of Research Synthesis.* New York: Sage, 245–260.

Freyd J.J. (1996). *Betrayal Trauma. The Logic of Forgetting Childhood Abuse.* Cambridge: Harvard University Press.

Fryer G., Kraizer S. & Miyoshi T. (1987). Measuring actual reduction of risk to child abuse: A new approach. *Child Abuse & Neglect, 11,* 173–179.

General Accounting Office (1996). *Preventing Child Sexual Abuse.* GAO/GGD-96-137. Available under http://www.gao.gov.

Gerull P. (1997). *Qualitätsmanagement in Einrichtungen der Erziehungshilfe.* Schriftenreihe des Evangelischen Erziehungsverbandes. Hannover.

Gibson L.E. & Leitenberg H. (2000). Chid Sexual Abuse prevention Programs: Do They Decrease the Occurence of Child Sexual Abuse? *Child Abuse & Neglect, 24,* 1115–1125.

Gomes-Schwartz B., Horowitz J. & Cardarelli A. (1990). *Child sexual abuse: The initial effects.* Newbury Prak: Sage.

Greenberg M., Domitrovich C. & Bumbarger B. (2000). *Preventing Mental Disorders in School-Age Children. A Review of the Effectiveness of Prevention Programs.* Report to the Cencter for Mental Health Services. U.S. Department of Health and Human Services.

Groth N.A. (1979). Sexual Trauma in the Life Histories of Rapists and Child Molesters. *Victimology, 4,* 10–16.

Härtl S. (1998). Schule und Prävention – ein Widerspruch? Ansatzpunkte und Ziele präventiver Arbeit. In L. Heusohn & U. Klemm (Hrsg.), *Sexuelle Gewalt gegen Kinder.* Ulm: Klemm & Oelschläger, 155–169.

Halberstadt A.G., Denham S.A., Dunsmore J.C. (2001). Affective Social Competence. *Social Development, 10,* 79–119.

Haltiwanger J. & Harter S. (1994). *Presented self-esteem in young children.* Denver: University of Denver.

Hamre B. & Pianta R.C. (2001). Early Teacher-Child Relationships and the Trajectory of Children's School Outcomes through Eight Grade. *Child Development, 72,* 625–638.

Haney P. & Durlak J.A. (1998). Changing Self-Esteem in Children and Adolescents: A Meta-Analytic Review. *Journal of Clinical Child Psychology, 27,* 423–433.

Hanson K. & Bussiére M. (1998). Predicting Relapse: A Meta-Analysis of Sexual Offender Recidivism Studies. *Journal of Consulting and Clinical Psychology, 66,* 348–362.

Harter S. (1999). *The Construction of the Self. A Developmental Perspective.* New York and London Guilford.

Harter S. (1998). The development of self-representations. In W. Damon (Series Ed.) & N. Eisenberg (Vol.Ed.), *Handbook of child psychology: Vol. 3. Social, emotional, and personality development (5th Edition).* New York: Wiley, 553–617.

Harter S. (1990). Causes, correlates and the functional role of global self-worth: A life-span perspective. In R. Sternberg & J. Kolligian (Eds.), *Competence considered.* New Haven: Yale University Press, 67–98.

Harter S. & Pike R. (1984). The Pictorial Scale of Perceived Competence and Social Acceptance for Young Children. *Child Development, 55,* 1969–1982.

Hartwig L. (1990). *Sexuelle Gewalterfahrungen von Mädchen.* Weinheim und München: Juventa.

Haseltine B. & Miltenberger R.G. (1990). Teaching self-protection skills to persons with mental redardation. *American Journal of Mental Retardadtion, 95,* 188–197.

Hawkins R. & McCallum C. (2001). Mandatory notification training for suspected child abuse and neglect in South Australian Schools. *Child Abuse & Neglect, 25,* 1603–1625.

Heiliger A. (2000). *Täterstrategien und Prävention. Sexueller Missbrauch an Mädchen innerhalb familialer und familienähnlicher Strukturen.* München: Frauenoffensive.

Henry B., Moffitt T.E., Caspi A., Langley J. & Silva P.A. (1994). On the „Remembrance of Things Past": A Longitudinal Evaluation of the Retrospective Method. *Psychological Assessment, 6,* 92–101.

Hoefnagels C. & Baartman H. (1997). On the Threshold of Disclosure. The Effcts of a Mass Media Field Experiment. *Child Abuse & Neglect, 21,* 557–573.

Hommen T. (1999). *Sittlichkeitsverbrechen. Sexuelle Gewalt im Kaiserreich.* Frankfurt a. Main: Campus.

Horstkemper M. (1987). *Schule, Geschlecht und Selbstvertrauen. Eine Längsschnittstudie über Mädchensozialisation in der Schule.* Juventa Verlag, Weinheim und München.

Institute of Medicine (1994). *Reducing risks for mental disorders: Frontiers for preventive intervention research.* Washington: National Academy Press.

Jekielek S., Moore K.A. & Hair E.C. (2002). *Mentoring Programs and Youth Development. A Synthesis.* Washington: Child Trends.

Joint Committee on Standards for Educational Evaluation (2000). *Handbuch der Evaluationsstandards.* Opladen: Leske + Budrich.

Julius H. & Boehme U. (1997). *Sexuelle Gewalt gegen Jungen. Eine kritische Analyse des Forschungsstandes (2. überarb. Auflage).* Göttingen: Verlag für Angewandte Psychologie.

Jumper S. (1995). A meta-analysis of the relationship of child sexual abuse to adult psychological adjustment. *Child Abuse & Neglect, 19,* 715–728.

Kagen S.L., Moore E. & Bredekamp S. (1995). *Considering children's early development and learning: Toward common views and vocabulary.* Washington: National Education Goals Panel.

Kaplan R.M. (2000). Two Pathways to Prevention. *American Psychologist, 55,* 382–396.

Kaufman K., Holmberg J., Orts K., McCrady F., Rotzien A., Daleiden E. & Hilliker D. (1998). Factors Influencing Sexual Offender´ Modus Operandi: An Examination of Victim-Offender Relatedness and Age. *Child Maltreatment, 3*, 198–222.

Kavemann B. & Lohstöter I. (1984). *Väter als Täter. Sexuelle Gewalt gegen Mädchen.* Reinbek: Rowohlt.

Kellam S.G., Koretz D. & Moscicki E.K. (1999). Core elements of developmental epidemiologically based prevention research. *American Journal of Community Psychology, 27*, 463–483.

Kempe H. (1977). Sexual abuse: Another hidden pediatric problem. *Pediatrics, 62*, 382–389.

Kendall-Tackett K.A., Williams L.M. & Finkelhor D. (1993). Impact of sexual abuse on children: A review and sythesis of recent empirical studies. *Psychological Bulletin, 113*, 164–180.

Kendler K., Bulik C., Silberg J., Hettema J., Myers J. & Prescott C. (2000). Childhood Sexual Abuse and Adult Psychiatric and Substance Use Disorders in Women. An Epidemiological and Cotwin Control Analysis. *Archives of General Psychiatry, 57*, 953–959.

Kindler H. (1999). Ursachen und Hintergründe sexualisierter Gewalt durch Jungen. In Amyna e.V. – Projekt zur Prävention von sexuellem Mißbrauch (Hrsgin.), *„Die leg' ich flach!" Bausteine zur Täterprävention.* München, 29–44.

Kindler H. (1990). *Analyse der Selbstbewertungen achtjähriger Kinder. Längsschnittliche Zusammenhänge.* Diplomarbeit, Universität Regensburg.

Kleemeier C., Webb C., Hazzard A. & Pohl J. (1988). Child sexual abuse prevention: Evaluation of a teacher training model. *Child Abuse & Neglect, 12*, 555–561.

Knappe A. (1995). Was wissen Eltern über Prävention sexuellen Mißbrauchs? In B. Marquardt-Mau (Hrsg.), *Schulische Prävention gegen sexuelle Kindesmißhandlung.* Weinheim und München: Juventa, 241–255.

Knappe A. & Selg H. (1993). *Prävention von sexuellem Mißbrauch an Mädchen und Jungen. Forschungbericht.* München: Bayerisches Staatsministerium für Arbeit und Sozialordnung, Familie, Frauen und Gesundheit.

Kolko D., Moser J. & Hughes J. (1989). Classroom training in sexual victimization awarenessand prevention skills. *Journal of Family Violence, 4*, 25–45.

Komrey H. (1995). Evaluation. Empirische Konzepte zur Bewertung von Handlungsprogrammen und die Schwiegkeit ihrer Realisierung. *Zeitschrift für Sozialisationsforschung und Erziehungssoziologie, 15*, 313–336.

Korbin J.E. (1990). Child sexual abuse: A cross-cultural view. In R.K. Oates (Ed.), *Understanding and managing child sexual abuse*. Sydney: Harcourt, 42–58.

Krischer M.K. (2002). *Zur Genese und Dynamik sexueller Interaktionen zwischen Männern und weiblichen Kindern*. Herbolzheim: Centaurus.

Lamb S. & Edgar-Smith S. (1994). Aspects of disclosure mediators of outcome of childhood sexual abuse. *Journal of interpersonal violence, 9*, 307–326.

Lang R. & Frenzel R. (1988). How sex offenders lure children. *Annals of Sex Research, 1*, 303–317.

Lawson L. & Chaffin M. (1992). False negatives in sexual abuse disclosure interviews. Incidence and influence in caretaker`s belief in abuse in cases of accidental absue discovery by diagnoses of STD. *Journal of interpersonal violence, 7*, 532–542.

Levine M. & Levine A. (1992). *Helping Children. A Social History*. New York: Oxford University Press.

Levine M. & Perkins D. (1997). *Principles of community psychology*. New York: Oxford University Press.

Levy A. (1999). *Continuities and Discontinuities in Parent-Child Relationships Across Two Generations: A Prospective, Longitudinal Study*. University of Minnesota: Dissertation.

Lipsey M.W. & Wilson D.B. (1998). Effective Intervention for Serious Juvenile Offenders: A Synthesis of Research. In Loeber R. & Farrington D.P. (Eds.), *Serious & Violent Juvenile Offenders. Risk Factors and Sucessful Interventions*. Thousand Oaks: Sage, 313–345.

Lipsey M.W. & Wilson D.B. (1993). The Efficacy of Psychological, educational, and Behavioral Treatment. Confirmation from Meta-Analysis. *American Psychologist, 48*, 1181–1209.

Lohaus A. & Larisch H. (1997). Präventionsarbeit mit Kindern zur Verhinderung sexuellen Mißbrauchs: Ein kritischer Überblick. *Kindheit und Entwicklung, 6*, 40–47.

Lohaus A. & Schorsch S. (1997). Kritische Reflexionen zu Präventionsansätzen zum sexuellen Missbrauch. In G. Amann & R. Wipplinger (Hrsg.), *Sexueller Missbrauch: Überblick zu Forschung, Beratung und Therapie: Ein Handbuch*. Tübingen: DGVT-Verlag, 679–694.

Mace P.G. (2000). What works in Prevention of Child Sexual Abuse: Child-Focused Prevention Techniques. In M.P. Kluger, G. Alexander & P.A. Curtis (Eds.), *What Works in Child Welfare*. Washington: CWLA, 75–85.

Marquart-Mau B. (1995), *Schulische Prävention gegen sexuelle Kindesmißhandlung.* Weinheim und München: Juventa.

Marsh H.W., Craven R. & Debus R. (1998). Structure, Stability, and Development of Young Children's Self-Concepts: A Multi-Cohort-Multioccasion Study. *Child Development, 69,* 1030–1053.

McCartney K. & Rosenthal R. (2000). Effect Size, Practical Importance, and Social Policy for Children. *Child Development, 71,* 173–180.

McCloskey L.A., Figueredo A.J. & Koss M.P. (1995). The Effects of Systemic Family Violence on Children's Mental Health. *Child Development, 66,* 1239–1261.

Measelle J.R., Ablow J.C., Cowan P.A. & Cowan C.P. (1998). Assessing Young Children's Views of their Academic, Social, and Emotional Lives: An Evaluation of the Self-Perception Scales of the Berkeley Puppet Interview. *Child Development, 69,* 1556–1576.

Mecca A.M., Smelser N.J. & Vasconcellos J. (1989). *The social importance of self-esteem.* Berkeley: University of California Press.

McMahon P. & Puett C. (1999). Child Sexual Abuse as a Public Health Issue: Recommendations of an Expert Panel. *Sexual Abuse: A Journal of Research and Treatment, 11,* 257–266.

Miltenberger R. & Olson L. (1996). Abduction prevention training: A review of findings and issues for future research. *Education & Treatment of Children, 19,* 69–82.

Morgan D.A. (1996). Focus Groups. *Annual Review of Sociology, 22,* 129–152.

Nelson E., Heath A., Madden P., Cooper L., Dinwiddie S., Buchholz K., Glowinski A., McLaughlin T., Dunne M., Statham D. & Martin N. (2002). Association Between Self-reported Child Sexual Abuse and Adverse Psychosocial Outcomes. Results form a Twin Study. *Archives of General Psychiatry, 59,* 139–145.

Neumann D., Houskamp B., Pollock V. & Briere J. (1996). The long-term sequelae of childhood sexual abuse in women: A meta-analytic review. *Child Maltreatment, 1,* 6–16.

Offer D. Kaiz M., Howard K. & Bennet E. (2000). The Altering of Reported Experiences. *Journal of the American Academy of Child and Adolescent Psychiatry, 39,* 735–741.

Olafson E., Corwin D.L. & Summit R.C. (1993). Modern history of child sexual abuse awareness: Cycles of discovery and suppression. *Child Abuse & Neglect, 17,* 7–24.

Olds D., Eckenrode J., Henderson C.R., Kitzman H., Powers J., Cole R., Sodora K., Morris P., Pettit L. & Luckey D. (1997). Long-term effects of home visitation on maternal life course and child abuse and neglect: A 15-year follow-up of a randomized trial. *Journal of the American Medical Association, 278*, 637–643.

Ondersma S.J., Chaffin M. & Berliner L. (1999). Comments on Rind et al meta-analysis controversy. *APSAC Advisor, 12*, 2–5.

Oswald H. (1997). Was heißt qualitativ forschen? In B. Friebertshäuser & A. Prengel (Hrsg.), *Handbuch qualitative Forschungsmethoden in der Erziehungswissenschaft*. Weinheim und München: Juventa, 71–87.

Paine M.L. & Hansen D. J. (2002). Factors influencing children to self-disclose sexual abuse. *Clinical Psychology Review, 22*, 271–295.

Paveza G. (1988). Risk factors in father-daughter child sexual abuse. A case-controlstudy. *Journal of interpersonal violence, 3*, 290–306.

Perry C.L., Kelder S.H. & Komro K.A. (1993). The social world of adolescents: Families, peers, schools, and the community. In S.G. Millstein, A.C. Petersen & E.O. Nightingale (Eds.), *Promoting the health of adolescents*. New York: Oxford University Press, 73–96.

Phiters W.D., Gray A., Busconi A. & Houchens P. (1998). Children with Sexual Behavior Problems: Identification of Five Distinct Child Types and Related Treatment Considerations. *Child Maltreatment, 4*, 384–406.

Pianta R.C., Egeland B. & Erickson M.F. (1989). The antecendents of maltreatment: results of the Mother-Child Interaction Research Project. In Cicchetti D. & Carlson V. (Eds.), *Child maltreatment: Theory and research on the causes and consequences of child abuse and neglect*. New York: Cambridge University Press; 203–253.

Plummer C.A. (2001). Prevention of Child Sexual Abuse: A Survey of 87 Programs. *Violence and Victims, 16*, 575–588.

Plummer C.A. (1999). The History of Child Sexual Abuse Prevention: A Practitioner´s Perspective. *Journal of Child Sexual Abuse, 7*, 77–95.

Pohl J.D. & Hazzard A. (1990). Reactions of Children, Parents, and Teachers to Child Sexual Abuse Prevention Programms. *Education, 110*, 337–345.

Price R.H. (1983). The education of a prevention psychology. In R.D. Felner, L.A. Jason, J.N. Moritsugu & S.S. Farber (Eds.), *Preventive Psychology*. New York: Pergamon, 290–296.

Raver C.V. (2002). Emotions Matter. Making the Case for the Role of Young Children's Emotional Development for Early School Readiness. *Social Policy Report. A Publication of the Society for Research in Child Development, 16,* No. 3.

Raver C.C. & Zigler E.F. (1997). Social Competence: An Untapped Dimension in Evaluating Head Start's Success. *Early Childhood Research Quarterly, 12,* 363–385.

Reppucci N.D., Land D. & Haugaard J. (1998). Child sexual abuse prevention programs that target young children. In P.K. Trickett & C.J. Schellenbach (Eds.), *Violence against children in the family and the community.* Washington: APA Press, 317–337.

Reppucci N.D., Dickon J., Lisa M. & Cook S. (1994). Involving parents in child sexual abuse programs. *Journal of Child & Family Studies, 3,* 137–142.

Righthand S. & Welch C. (2001). *Juveniles Who Have Sexually Offended.* A Review of the Professional Literature. Washington DC: Office of Juvenile Justice and Delinquency Prevention.

Rispens J., Aleman A. & Goudena P. (1997). Prevention of Child Sexual Abuse Victimization: A Meta-Analysis of School Programs. *Child Abuse & Neglect, 21,* 975–987.

Roberts J.A. & Miltenberger R.G. (1999). Emerging Issues in the Research on Child Sexual Abuse Pevention. *Education & Treatment of Children, 22,* 84–103.

Rosenthal R. & Di Matteo M.R. (2001). Meta-Analysis: Recent Developments in Quantitative Methods for Literature Reviews. *Annual Review of Psychology, 52,* 59–82.

Rush F. (1980). *The best kept secret: Sexual abuse of children.* Englwood Cliffs: Prentice-Hall.

Ryan G. (2000). Childhood Sexuality: A Decade of Study. Part I – Research and Curriculum Development. *Child Abuse & Negelct, 24,* 33–48.

Ryan G., MiYoshi T., Metzner J., Krugman R. & Fryer G. (1996). Trends in an national sample of sexually abusive youths. *Journal of the American Academy of Child and Adolescent Psychiatry, 35,* 17–25.

Ryan R.M. & Deci E.L. (2000). Self-Determination Theory and the Facilitation of Intrinsic Motivation, Social Development, and Well-Being. *American Psychologist, 55,* 68–78.

Saarni C. (1990). Emotional competence: How emotions and relationships become integrated. In R. Thompson (Ed.), *Nebraska Symposium on Motivation 1988: Socioemotional Development,* Lincoln: Univeristy of Nebraska Press, 115–182.

Sanday P. (1981). The socio-cultural context of rape: A cross-cultural study. *Journal of Social Issues, 37,* 5–27.

Sandler I. & Chassin L. (2002). Training of Prevention Researchers: Perspectives From the Arizona State University Prevention Research Training Program. *Prevention & Treatment, 5,* Article 6. Available under http://journals.apa.org/prevention/volume5/pre0050006a.html.

Sauter R. (2000). Ergebnisqualität im Nebulösen? Praktische Umsetzung der Wirkungsorientierung in Feldern der Kinder- und Jugendhilfe. *Thema Jugend. Zeitschrift für Jugendschutz und Erziehung. Heft 4/2000,* 8–9.

Saywitz K.J., Mannarino A.P., Berliner L. & Cohen J.A. (2000). Treatment for Sexually Abused Children and Adolescents. *American Psychologist, 55,* 1040–1049.

Scott K.G., Mason C.A. & Chapman D.A. (1999). The Use of Epidemiological Methodology as a Means of Influencing Public Policy. *Child Development, 70,* 1263–1272.

Seligman M.E. (1993). *What you can change and what you can't.* New York: Fawcett Columbine.

Shapiro J.P. (1997). *Psychotherapeutic Utilization of Prevention Education in Treatment for Sexually Abused Children.* Manuscript available under http://www.applewoodcenters.org/prvneduc.htm.

Shell R.M. & Eisenberg N. (1992). A developmental model of recipient's reaction to aid. *Psychological Bulletin, 111,* 413–433.

Singer M., Hussey D. & Storm K. (1992). Grooming the victim. An analysis of a perpetrators seduction letter. *Child Abuse & Neglect, 16,* 877–886.

Sipe R., Jensen E. & Everett R. (1998). Adolescent sexual offenders grown up: Recidivism in young adulthood. *Criminal Justice and Behavior, 25,* 109–124.

Skuse D., Bentovim A., Hodges J., Stevenson J., Andreou C., Lanyado M., New M., Williams B. & McMillan D. (1998). Risk factors for development of sexually abusive behavior in sexually victimised adolescent boys: cross sectional study. *British Medical Journal, 317,* 175–179.

Smith D.W., Letourneau E.J., Saunders B.E., Kilpatrick D.G., Resnick H.S. & Best C.L. (2000). Delay in Disclosure of Childhood rape: results from a National Survey. *Child Abuse & Neglect, 24,* 273–287.

Sorensen T. & Snow B. (1991). How Children Tell: The Process of Disclosure in Child Sexual Abuse. *Child Welfare, 70,* 3–15

Spaccarelli S. (1994). Stress, Appraisal, and Coping in Child Sexual Abuse: A Theoretical and Empirical Review. *Psychological Bulletin, 116*, 340–362.

Spaulding J. & Balch P. (1983). A brief history of primary prevention in the twentieth century: 1908–1980. *American Journal of Community Psychology, 11*, 59–80.

Sroufe L.A. (1990). An Organisational Perspective on the Self. In D. Cicchetti & M. Beeghly (Eds.), *The Self in Transition. Infancy to Childhood.* Chicago and London: University of Chicago Press, 281–307.

Sroufe L.A., Bennett C., Englund M., Urban J. & Shulman S. (1993). The Significance of Gender Boundaries in Preadolescence: Contemporary Correlates and Antecendents of Boundary Violation and Maintenance. *Child Development, 64*, 455–466.

Sternberg K.J., Lamb M.E., Hershkowitz I., Yudilevitch L., Orbach Y., Esplin P.W. & Hovav M. (1997). Effects of introductiory style on children's abilities to describe experiences of sexual abuse. *Child Abuse & Neglect, 21*, 1133–1146.

Sternberg K.J., Lamb M.E., Esplin P.W. & Orbach Y. (2002). Using a structured protocol to improve the quality of investigative interviews. In M. Eisen, G. Goodman & J. Quas (Eds.), *Memory and suggestibility in the forensic interview.* Mahwah: Erlbaum.

Stipek D., Recchia S. & McClintic S. (1992). Self-evaluation in young children. *Monographs of the Society for Research in Child Development, 57* (1, Serial No. 226).

Stöckel S. & Walter U. (2002). *Prävention im 20. Jahrhundert. Historische Grundlagen und aktuelle Entwicklungen in Deutschland.* Weinheim und München: Juventa.

The Collaborative for Academic, Social and Emotional Learning (2002). *Safe and Sound. An Educational Leader's Guide to Evidence-Based Social and Emotional Learing Programs.* Chicago: University of Illinois. (online available at www.casel.org)

Topping K.J. & Holmes E.A. (1998). *Promoting Social Competence. Effectiveness Survey.* Edingburgh: The Scottish Office. (online available at. www.dundee.ac.uk/psychology/prosoc.htm)

Tutty L.M. (2000). What Children Learn from Sexual Abuse Prevention Programs: Difficult Concepts and Developmental Issues. *Research on Social Work Practice, 10*, 275–300.

Tutty L.M. (1997). Child sexual abuse prevention programs: Evaluating Who do you tell?. *Child Abuse & Neglect, 21*, 869–881.

Verschueren K., Marcoen A. & Schoefs V. (1996). The internal working model of the self, attachment, and competence in five-year-olds. *Child Development, 67*, 2493–2511.

Waters E. & Sroufe L.A. (1983). Social Competence as a Developmental Construct. *Developmental Review, 3*, 79–97.

Ward T. & Hudson S. (1998). The Construction and Development of Theory in the Sexual Offending Area: A Metatheoretical Framework. *Sexual Abuse, 10*, 49–63.

Weissberg R.P. & Greenberg M.T. (1998a). School and Community Competence-Enhancement Programs. In W. Damon (Ed.), *Handbook of Child Psychology, Vol. 5. Child psychology in practice*. New York: Wiley, 877–954.

Weissberg R.P. & Greenberg M.T. (1998b). Prevention science and collaborative community action research: Combining the best from both perspectives. *Journal of Mental Health, 7*, 479–492.

Weissberg R.P., Gullotta T.P., Hampton R.L., Ryan B.A. & Adams G.R. (1997). *Healthy Children 2010. Enhancing children´s wellness: Issues in children´s and families´ lives. Vol. 8*, Thousand Oaks: Sage.

Westerman R. & Gerjets P. (1994). Induktion. In T. Herrmann & W. Tack (Hrsg.), *Methodologische Grundlagen der Psychologie. Themenbereich B, Serie I, Band 1 der Enzyklopädie der Psychologie*. Göttingen: Hogrefe, 428–472.

Wetzels P. (1999). Verbreitung und familiäre Hintergründe sexuellen Kindesmißbrauchs in Deutschland. In S. Höfling, D. Drewes & I, Epple-Waigl (Hrsg.), *Auftrag Prävention. Offensive gegen sexuellen Kindesmißbrauch*. München: Hanns-Seidel-Stiftung, 104–134.

Widom C.S. (1997). Accuracy of Adult Recollections of Early Childhood Abuse. In D.J. Read & Lindsay S.D. (Eds.), *Recollections of Trauma. Scientific Evidence and Clinical Practice*. New York: Plenum, 49–70.

Widom C.S. (1995). *Victims of Childhood Sexual Abuse – Later Criminal Consequences. National Institute of Justice Research in Brief.* Washington: US Department of Justice Office of Justice Programs.

World Health Assembly (1996). *Prevention of Violence: Public Health Priority*. Geneva: World Health Organisation.

Wurtele S.K. (1998). School-Based Child Sexual Abuse Prevention Programs. In J.R. Lutzker (Ed.), *Handbook of Child Abuse Research and Treatment*. New York: Plenum, 501–516.

Wurtele S.K. & Miller-Perrin C.L. (1992). *Preventing Child Sexual Abuse. Sharing the Responsibility*. Lincoln and London: University of Nebraska Press.

Interkulturelle Prävention von sexuellem Missbrauch

Eine horizonterweiternde Herausforderung

▶ Gibt es bei sexuellem Missbrauch an Mädchen und Jungen kulturelle Unterschiede?

▶ Welches sind die Formen sexueller Gewalt?

▶ Was sind die Strategien der Täter?

Mit dieser Veröffentlichung möchten wir das Interesse der Leserinnen und Leser speziell für die interkulturelle Präventionsarbeit wecken. Über sexuellen Missbrauch wie auch Präventionsmöglichkeiten ist den meisten bereits einiges bekannt. Herkömmliche Präventionskonzepte lassen Mädchen und Jungen mit Migrationshintergrund jedoch bisher unberücksichtigt; diese Kinder können sich mit vielen Inhalten nicht identifizieren bzw. den pädagogischen Konzepten fehlt ein bestimmter Blick, ihr Blick auf die Welt und ihre Wirklichkeit.

Wir möchten mit dieser Broschüre dazu beitragen, dass Fachleute sich mit einem erweiterten Blick der Präventionsarbeit gegen sexuellen Missbrauch widmen und damit allen Mädchen und Jungen gerecht werden können.

Neugierig geworden?

Preis: € 2,50 zzgl. Versandkosten

Bitte beachten Sie, dass bei Auslandsbestellungen erhöhte Porto- und Überweisungsgebühren anfallen.

Bestelladresse: AMYNA e.V.
Mariahilfplatz 9
81541 München
oder
info@amyna.de

„Märtyrerin trifft Kinderschänder"
Wie berichtet die Presse über sexuelle Gewalt gegen Mädchen?

Wichtig ist nicht nur, dass über sexualisierte Gewalt berichtet wird, sondern vielmehr wie. Im Auftrag von AMYNA hat die Autorin, Christiane Pütter, ein Jahr lang Tageszeitungen ausgewertet und ist zu interessanten Ergebnissen gelangt.

Preis: € 8,50 zzgl. Versandkosten

Bitte beachten Sie, dass bei Auslandsbestellungen erhöhte Porto- und Überweisungsgebühren anfallen.

Dokumentation der Ausstellung
„NEIN IST NEIN"

Für die wenigen, die die Ausstellung verpasst haben ... und für die vielen, die sie immer wieder griffbereit haben wollen! Die Dokumentation der Ausstellung „NEIN IST NEIN!" beschreibt die vielfältigen Angebote der Ausstellung und des Rahmenprogramms.

Preis: € 5,– zzgl. Versandkosten

Bitte beachten Sie, dass bei Auslandsbestellungen erhöhte Porto- und Überweisungsgebühren anfallen.

Bestelladresse: AMYNA e.V.
Mariahilfplatz 9
81541 München
oder
info@amyna.de

„Die leg' ich flach"

Bausteine zur Täterprävention

Ein wichtiger Ansatzpunkt für die Prävention sexualisierter Gewalt ist zu verhindern, dass Jungen zu Tätern werden. Vieles spricht dafür, dass Vorbeugung und Rückfallverhütung umso besser greifen, je eher damit begonnen wird. Hierzu liefert das Buch Denkanstöße, Anregungen, Beispiele, Ansatzpunkte und Motivationen.

Preis:　　　　　　€ 9,50 zzgl. Versandkosten

Bitte beachten Sie, dass bei Auslandsbestellungen erhöhte Porto- und Überweisungsgebühren anfallen.

„Die alltägliche Zumutung"

Gewalt gegen Mädchen in der Schule

Unsere Broschüre zeigt Handlungsschritte auf, damit die allgemeine Ohnmacht dem Thema „Gewalt in der Schule" gegenüber überwunden werden kann und bietet allen Interessierten Möglichkeiten, sich konstruktiv mit der Thematik auseinanderzusetzen. Sie setzt v.a. in der Grundschule an, gibt aber auch Denkanstöße und Informationen für weiterführende Schulstufen sowie Kindergärten.

Die Realität von Mädchen wird in unserer Broschüre genau aufgezeigt und die „alltägliche Zumutung" für Mädchen in der Schule aufgedeckt.

Preis:　　　　　　€ 5,– zzgl. Versandkosten

Bitte beachten Sie, dass bei Auslandsbestellungen erhöhte Porto- und Überweisungsgebühren anfallen.

Bestelladresse:　　　AMYNA e.V.
Mariahilfplatz 9
81541 München
oder
info@amyna.de